A

MONTANHA

É

VOCÊ

A MONTANHA

É

VOCÊ

COMO TRANSFORMAR
A AUTOSSABOTAGEM EM AUTOCONTROLE

BRIANNA WIEST

Tradução de Regiane Winarski

Copyright © 2020 by Brianna Wiest
Cover design © Thought Catalog Books
Todos os direitos reservados.

TÍTULO ORIGINAL
The Mountain is You

COPIDESQUE
Júlia Ribeiro

REVISÃO
Ilana Goldfeld
Luana Luz de Freitas
Rodrigo Rosa

DIAGRAMAÇÃO
Victor Gerhardt | CALLIOPE

CIP-BRASIL. CATALOGAÇÃO NA PUBLICAÇÃO
SINDICATO NACIONAL DOS EDITORES DE LIVROS, RJ

W651m

    Wiest, Brianna, 1992-
       A montanha é você : como transformar autossabotagem em autocontrole / Brianna Wiest ; tradução Regiane Winarski. - 1. ed. - Rio de Janeiro : Intrínseca, 2024.
       208 p. ; 21 cm.

       Tradução de: The mountain is you : transforming self-sabotage into self-mastery
       ISBN 978-85-510-0900-0

       1. Comportamento autodestrutivo. 2. Autorrealização (Psicologia). 3. Autoestima 4. Técnicas de autoajuda. I. Winarski, Regiane. II. Título.

24-88855   CDD: 158.1
                                                     CDU: 159.947

Meri Gleice Rodrigues de Souza - Bibliotecária - CRB-7/6439

[2024]
Todos os direitos desta edição reservados à
EDITORA INTRÍNSECA LTDA.
Av. das Américas, 500, bloco 12, sala 303
22640-904 – Barra da Tijuca
Rio de Janeiro – RJ
Tel./Fax: (21) 3206-7400
www.intrinseca.com.br

INTRODUÇÃO

ASSIM COMO A NATUREZA, a vida costuma trabalhar a nosso favor, mesmo quando parece que só estamos enfrentando adversidades, desconfortos e mudanças.

Da mesma forma como os incêndios florestais são essenciais para a ecologia do meio ambiente — rompendo sementes jovens que precisam de calor para brotar e reconstruir um bosque —, nossa mente também passa por episódios periódicos de desintegração positiva, uma limpeza pela qual nós liberamos e renovamos nosso autoconceito. Sabemos que a natureza é mais fértil e expansiva nas áreas fronteiriças, onde os climas se encontram, e também nos transformamos quando chegamos ao extremo, aos pontos em que somos obrigados a sair de nossas zonas de conforto e nos reorganizarmos.[1] Quando não podemos mais contar com nossos mecanismos de enfrentamento para nos distrair dos problemas da vida, pode parecer que chegamos ao fundo do poço. A realidade é que esse tipo de despertar acontece quando finalmente aceitamos os problemas que existem há muito tempo. Na maioria das vezes, o colapso é apenas o ponto transformador que precede a virada, o momento em que uma estrela implode antes de se tornar uma supernova. Assim como uma montanha se forma quando duas partes do solo são forçadas uma contra a outra, sua montanha vai surgir a partir de necessidades coexistentes, mas conflitantes. Sua montanha exige que você reconcilie duas partes de si: a consciente e a inconsciente; sua parte que está ciente do que quer e sua parte que não sabe por que você ainda está se refreando.

Historicamente, montanhas são usadas como metáforas para despertares espirituais, jornadas de crescimento pessoal e, claro, desafios que parecem intransponíveis quando estamos no fundo do poço. As montanhas, como boa parte da natureza, nos oferecem uma sabedoria a respeito do que vamos precisar para atingir nosso maior potencial.

O objetivo de sermos humanos é crescer. Vemos isso refletido para nós em todas as partes da vida. Espécies se reproduzem, o DNA evolui para eliminar certos traços e desenvolver novos, e os limites do universo se expandem eternamente. Da mesma forma, nossa capacidade de sentir a magnitude e a beleza da vida pode se expandir eternamente dentro de nós se estivermos dispostos a encarar nossos problemas como catalizadores. Florestas precisam de fogo para fazer isso, vulcões precisam de erupções, estrelas precisam entrar em colapso e seres humanos muitas vezes precisam enfrentar a opção única de mudar para que isso aconteça.

Deparar com uma montanha não significa que você tem algum tipo de falha fundamental. Tudo na natureza é imperfeito, e é por causa dessa imperfeição que o crescimento é possível. Se tudo existisse com uniformidade, a gravidade, que criou as estrelas, os planetas e tudo que conhecemos, não existiria. Sem quebras, falhas e vãos, nada cresceria e nada nasceria.[2] Sua imperfeição não é sinal de que você falhou; é sinal da sua humanidade e, mais importante, é sinal do potencial que ainda existe dentro de você.

Talvez você saiba qual é a sua montanha. Quem sabe seja um vício, seu peso, relacionamentos, empregos, motivação ou dinheiro. Talvez você não saiba. Pode ser uma vaga sensação de ansiedade, baixa autoestima, medo ou um descontentamento geral que parece permear tudo. A montanha quase nunca é um desafio posto diante de nós, e, sim, um problema interior, uma base instável que pode não estar visível na superfície, mas que está mexendo com quase todas as partes da nossa vida.

Normalmente, quando temos um problema circunstancial, estamos enfrentando a realidade da vida. Quando temos um problema crônico, estamos enfrentando nossa própria realidade. Achamos que enfrentar uma montanha significa confrontar as dificuldades da vida, mas a verdade é que a montanha quase sempre surge por causa dos anos que passamos acumulando pequenos traumas, adaptações e mecanismos de enfrentamento que foram se formando ao longo do tempo.

> Sua montanha é o bloqueio entre você e a vida que quer viver. Enfrentá-la também é o único caminho para sua liberdade e transformação. Você está aqui porque algum gatilho mostrou sua ferida, e sua ferida vai mostrar seu caminho, e seu caminho vai mostrar seu destino.

Quando chegar a esse ponto de virada, o sopé da montanha, o calor do fogo, a noite que finalmente provoca seu despertar, você estará no ponto crucial da ruptura, e, se tiver disposição para encarar a empreitada, vai descobrir que esse é o caminho para a virada pela qual você esperou a vida inteira.

Seu antigo eu não consegue mais sustentar a vida que você está tentando levar. Está na hora de se reinventar e renascer.

Você precisa libertar seu antigo eu da energia destrutiva da sua visão e ter disposição para pensar de uma forma totalmente nova. Você precisa passar pelo luto da perda do seu eu mais jovem, da pessoa que o trouxe até aqui, mas não está mais apto para levá-lo adiante. Você precisa visualizar seu futuro eu, unindo-se a ele, o herói da sua vida que vai conduzi-lo a partir daqui. A tarefa é silenciosa e simples, porém monumental. É um feito que a maioria nem sequer tenta. Agora, você precisa aprender a ter agilidade, resiliência e autocompreensão. Precisa mudar completamente e nunca mais ser a mesma pessoa.

A montanha diante de você é o chamado da sua vida, a razão pela qual você está aqui, seu caminho tornado claro. Um dia, essa montanha vai ficar para trás, mas a pessoa em quem você vai se transformar no processo de superá-la sempre vai acompanhá-lo.

No final, não é a montanha que você precisa dominar, mas a si mesmo.

CAPÍTULO 1

A MONTANHA É VOCÊ

NADA NA SUA VIDA prende mais você do que você mesmo.

Se há um vão entre o lugar onde você está e o lugar onde quer estar — e seus esforços para fechá-lo colidem com sua própria resistência, dor e desconforto —, quase sempre a autossabotagem está em ação.

Superficialmente, a autossabotagem parece masoquismo. Como se fosse a consequência de um ódio por si mesmo, de baixa confiança ou de falta de força de vontade. Na verdade, a autossabotagem é apenas uma necessidade inconsciente sendo atendida pelo comportamento autossabotador. Para superá-la, precisamos passar por um processo de profunda investigação psicológica. Temos que identificar o evento traumático, liberar emoções não trabalhadas, encontrar formas mais saudáveis de atender nossas necessidades, reinventar nossa autoimagem e desenvolver princípios como inteligência emocional e resiliência.

Não é uma tarefa simples, mas é um trabalho que todos precisamos fazer em algum momento da vida.

A AUTOSSABOTAGEM NEM SEMPRE É ÓBVIA NO COMEÇO

Quando era criança, Carl Jung caiu no chão da escola e bateu a cabeça. Ao se machucar, pensou: "Oba, talvez eu não tenha que voltar para a escola agora."[3]

Apesar de ser conhecido por sua brilhante obra, ele não gostava da escola nem se enturmava com os colegas. Pouco depois do acidente, Jung começou a ter desmaios esporádicos. Ele inconscientemente desenvolveu o que chamaria de "neurose" e acabou se dando conta de que todas as neuroses são "substituta[s] do sofrimento legítimo".

No caso de Jung, ele fez uma associação inconsciente entre desmaiar e ir embora da escola. Passou a acreditar que os desmaios eram uma manifestação de seu desejo inconsciente de sair da aula, onde se sentia desconfortável e infeliz. Da mesma forma, para muitas pessoas, os medos e os apegos costumam ser apenas sintomas de questões mais profundas que elas não conseguem resolver de uma forma melhor.

A AUTOSSABOTAGEM É UM MECANISMO DE ENFRENTAMENTO

Autossabotagem é o que acontece quando nos recusamos, de forma consciente, a atender nossas necessidades mais íntimas, muitas vezes porque não acreditamos que somos capazes de lidar com elas.

Às vezes, sabotamos nossos relacionamentos porque o que queremos mesmo é nos encontrar, apesar de termos medo de ficarmos sozinhos. Às vezes, sabotamos nosso sucesso profissional porque o que queremos é criar arte, mesmo que isso nos faça parecer menos ambiciosos aos olhos da sociedade. Às vezes, sabotamos nossa jornada de cura ao psicanalisar nossos sentimentos, porque fazer isso garante que evitemos vivenciá-los de fato. Às vezes, sabotamos nossa voz interior porque, ao acreditarmos em nós mesmos, nos sentiríamos livres para retornar à realidade e correr riscos, e isso nos deixaria vulneráveis.

No fim das contas, a autossabotagem costuma ser apenas um mecanismo de enfrentamento mal-adaptativo, um jeito de nos darmos o que precisamos sem a obrigação de identificar que necessidade é essa. Mas, como qualquer mecanismo de enfrentamento, ela não passa disto: uma forma de enfrentar. Não é uma resposta, não é uma solução e nunca resolve o problema de fato. Estamos apenas entorpecendo nossos desejos e dando a nós mesmos um gostinho temporário de alívio.

A AUTOSSABOTAGEM VEM DO MEDO IRRACIONAL

Às vezes, nossos comportamentos mais sabotadores resultam de medos guardados por muito tempo, medos não examinados que sentimos em relação ao mundo e a nós mesmos.

Talvez seja a ideia de que você não é inteligente, não é atraente ou não é amado. Talvez seja a ideia de perder o emprego, de pegar o elevador ou de se comprometer com alguém. Em outros casos, pode ser mais abstrato, como o conceito de alguém vir "pegar você", violar seus limites, de ser "flagrado" ou de ser acusado injustamente.

Com o tempo, essas crenças se tornam apego.

Para a maioria das pessoas, o medo abstrato é, na verdade, uma representação de um medo legítimo. Seria assustador demais vivenciar o verdadeiro medo, então nós projetamos esses sentimentos em questões e circunstâncias com menos probabilidade de acontecer. Se houver uma chance bem baixa de a situação se tornar realidade, torna-se "seguro" preocupar-se com ela, pois, inconscientemente, já sabemos que não vai acontecer. Portanto, temos um caminho para expressar nossos sentimentos sem nos colocar de fato em perigo.

Por exemplo, se você tem muito medo de ser passageiro em um carro, talvez seu verdadeiro medo seja perder o controle ou a ideia de que outra pessoa ou coisa esteja controlando sua vida. Pode ser que você tenha medo de "seguir em frente", e o carro em movimento seja uma mera representação disso.

Se estivesse ciente da verdadeira questão, você poderia começar a trabalhar para resolvê-la, talvez identificando as formas pelas quais está abrindo mão do seu poder ou sendo passivo demais. No entanto, se não estiver ciente do verdadeiro problema, você vai continuar perdendo tempo tentando se convencer de não sentir o gatilho de ansiedade enquanto anda de carro, descobrindo que só piora.

Se tentar resolver o problema de forma superficial, você sempre vai dar de cara com um muro. Isso acontece porque você está tentando arrancar um curativo antes de ter um plano para cicatrizar a ferida.

A AUTOSSABOTAGEM VEM DE ASSOCIAÇÕES INCONSCIENTES E NEGATIVAS

A autossabotagem também é um dos primeiros sinais de que sua narrativa interna está ultrapassada, é limitante ou simplesmente está errada.

Sua vida se define não só pelo que você pensa dela, mas também pelo que pensa de si mesmo. Seu autoconceito é uma ideia que você passou a vida toda construindo. Foi criado ao encaixar dados e influências de quem está ao seu redor: no que seus pais acreditavam, o que seus semelhantes achavam, o que ficou evidente por meio de experiências pessoais e assim por diante. Sua autoimagem é difícil de ajustar porque o viés de confirmação do seu cérebro trabalha para reafirmar suas crenças preexistentes sobre você mesmo.

Costumamos nos autossabotar porque fazemos uma associação negativa entre atingir o objetivo a que aspiramos e ser o tipo de pessoa que tem ou faz aquilo que almejamos.

Se o seu objetivo é conquistar estabilidade financeira, mas você estraga cada esforço que faz para chegar lá, é preciso identificar sua primeira crença sobre dinheiro. Como seus pais cuidavam das finanças? E, mais importante, o que eles diziam sobre quem tinha dinheiro e quem não tinha? Muitas pessoas com dificuldades financeiras justificam seu momento presente repudiando o dinheiro como um todo. Elas dizem que pessoas ricas são horríveis. Se você cresceu com gente que lhe disse a vida toda que as pessoas que têm dinheiro são assim, adivinha a que você terá resistência?

A ansiedade em relação ao problema que você está autossabotando costuma ser reflexo de uma crença limitante.

Talvez você associe ser saudável com ser vulnerável, porque teve um pai ou uma mãe que era perfeitamente saudável, mas adoeceu de repente. Talvez você não esteja escrevendo o trabalho da sua vida porque não quer escrever; você só quer ser visto como "bem-sucedido" porque isso vai render elogios, que costumam ser o objeto ao qual as pessoas recorrem quando querem aceitação, mas não a receberam. Talvez você continue se alimentando mal porque isso o acalma, sem parar para se perguntar *em relação a que* você precisa se acalmar. Talvez você não seja pessimista de verdade, só não saiba se conectar com as pessoas próximas de outra forma que não seja reclamando com elas.

Para superar isso, você precisa começar a desafiar essas ideias preexistentes e adotar novas.

Precisa reconhecer que nem todo mundo com dinheiro é corrupto, muito longe disso. Mais importante ainda, considerando que *há* pessoas que usam o dinheiro de forma egoísta, é fundamental que boas pessoas com ótimas intenções sejam destemidas ao buscar essa ferramenta essencial para criar mais tempo, oportunidades e bem-estar para si mesmas e para os outros. Você precisa admitir que ser saudável o deixa menos vulnerável, não mais, e que críticas acompanham a criação de qualquer obra para o público, e não são motivo para *não* agir. Você precisa se convencer de que há muitas formas de se acalmar, que são mais eficientes do que escolhas alimentares pouco saudáveis, e de que há maneiras bem melhores de se conectar com os outros do que a negatividade.

Quando passa a questionar e observar essas crenças preexistentes, você começa a ver como elas eram distorcidas e ilógicas o tempo todo, sem mencionar que o impediam de atingir seu pleno potencial.

A AUTOSSABOTAGEM VEM DO DESCONHECIDO

Os seres humanos experimentam uma resistência natural ao desconhecido porque ele significa, essencialmente, a perda de controle. Isso acontece mesmo quando o que é "desconhecido" é benevolente ou até benéfico para nós.

A autossabotagem costuma ser o simples produto da falta de familiaridade e acontece porque qualquer coisa estranha, por melhor que seja, também é incômoda até se tornar familiar. Isso costuma levar as pessoas a confundirem o incômodo do desconhecido com algo "errado", "ruim" ou "ameaçador". No entanto, é uma simples questão de ajuste psicológico.

Gay Hendricks chama isso de "limite superior" ou tolerância para a felicidade.[4] Todo mundo tem uma capacidade pela qual se permite se sentir bem. É parecido com o que outros psicólogos chamam de "patamar" de uma pessoa, ou a predisposição básica para a qual ela acaba retornando, mesmo que certos eventos ou circunstâncias se modifiquem temporariamente.

Pequenas mudanças, agravadas com o tempo, podem resultar em ajustes permanentes nesse patamar. No entanto, muitas vezes elas não perduram porque nós chegamos aos nossos limites. O motivo pelo qual não permitimos que essas mudanças se tornem patamares é que, assim que nossas circunstâncias ultrapassam a quantidade de felicidade com a qual estamos acostumados, nós encontramos formas conscientes e inconscientes de voltar para um sentimento com o qual ficamos à vontade.

Somos programados para buscar o que conhecemos. Apesar de acreditarmos que estamos em busca da felicidade, na verdade estamos tentando encontrar aquilo com que estamos mais acostumados.

A AUTOSSABOTAGEM VEM DE SISTEMAS DE CRENÇAS

Você vai tornar realidade em sua vida aquilo em que acreditar.

É por isso que é tão crucial estar ciente dessas narrativas ultrapassadas e ter coragem de mudá-las.

Talvez você tenha acreditado, pela maior parte de sua vida, que um salário de 4 mil dólares por mês em uma empresa decente fosse o máximo que você seria capaz de atingir. Talvez tenha passado tantos anos dizendo para si mesmo "Eu sou ansioso" que tenha começado a se identificar com isso, adotando a ansiedade e o medo em seu sistema de crenças sobre quem você fundamentalmente é. É possível que você tenha sido criado em um círculo social com pessoas de mente fechada ou em uma "bolha social". Talvez você não soubesse que podia questionar ou chegar a outras conclusões sobre política e religião. Pode nunca ter pensado ser alguém que podia ter um estilo legal, se sentir satisfeito ou viajar pelo mundo.

Em outros casos, limitar suas crenças pode ser resultado de um desejo de se manter seguro.

Talvez seja por isso que você prefira o conforto do que conhece à vulnerabilidade do que não conhece; por isso prefere a apatia à empolgação, talvez pense que o sofrimento torna você mais digno ou acredite que, para cada boa coisa na vida, também precisa haver algo "ruim".

Para se curar de verdade, você vai ter que mudar a maneira de pensar. Vai ter que se tornar bem consciente de crenças negativas e falsas e começar a mudar para uma mentalidade que de fato beneficie você.

COMO SAIR DA NEGAÇÃO

Talvez essas informações preliminares sobre autossabotagem façam com que você se identifique um pouco, talvez muito.

Seja como for, se está aqui porque quer mudar sua vida de verdade, você vai ter que parar de viver em negação sobre o seu estado pessoal. Vai ter que ser verdadeiro consigo mesmo. Vai ter que decidir que se ama demais para parar de aceitar menos do que realmente merece.

Se acha que poderia estar se saindo melhor na vida, você talvez esteja certo.

Se acha que tem mais objetivos para alcançar, você talvez esteja certo.

Se acha que não está sendo seu eu autêntico, você talvez esteja certo.

Não nos ajuda usar mil afirmações para aplacar nossos verdadeiros sentimentos sobre onde estamos na nossa jornada. Quando fazemos isso, começamos a dissociar e travamos.

Em um esforço para "nos amarmos", tentamos validar tudo sobre quem nós somos. Mas esses sentimentos calorosos nunca duram, só entorpecem temporariamente o incômodo. Por que eles não funcionam? Porque, lá no fundo, sabemos que não estamos sendo quem queremos ser, e até aceitarmos isso, nunca ficaremos em paz.

Quando estamos em negação, tendemos a entrar no modo "culpa". Procuramos qualquer pessoa ou coisa que explique por que nós somos como somos. Então começamos a nos justificar. Se você precisa constantemente, quase todos os dias, justificar por que está infeliz com a vida, não está fazendo nenhum favor a si mesmo. Não está se aproximando de criar a mudança duradoura que deseja de forma tão profunda.

O primeiro passo para a cura é assumir a responsabilidade total. É não permanecer em negação sobre a verdade honesta da sua vida e de si mesmo. Não importa como é sua realidade aparente; é o que você sente por dentro que importa. Não é normal se sentir constantemente estressado, em pânico e infeliz. Algo está errado, e, quanto mais você tenta "se amar" para evitar se dar conta disso, por mais tempo vai sofrer.

> O maior ato de amor-próprio é não aceitar mais uma vida com a qual você está infeliz. É poder nomear o problema de forma aberta e direta.

É exatamente isso que você precisa fazer para continuar a desenraizar e transformar sua vida de verdade. É o primeiro passo para a efetiva mudança.

Pegue um pedaço de papel e uma caneta e escreva tudo que não o faz mais feliz. Relate especificamente cada problema que você enfrenta. Se estiver com dificuldades financeiras, você precisa de uma imagem bem nítida de qual aspecto está errado. Anote cada dívida, cada conta, cada bem e cada renda. Se estiver com problemas de autoestima, registre tudo de que não gosta em si. Se for ansiedade, liste tudo que o incomoda ou aborrece.

Acima de tudo, você precisa sair do estado de negação e ter uma imagem clara do que está errado. Nesse ponto, você tem uma escolha: aceitar a realidade ou se comprometer com a mudança. É a procrastinação que está paralisando você.

O CAMINHO COMEÇA ONDE VOCÊ ESTÁ

Se você sabe que precisa fazer uma mudança na vida, tudo bem estar distante do objetivo ou não conseguir conceber ainda como vai alcançá-lo.

Tudo bem estar começando do princípio.

Tudo bem estar no fundo do poço e ainda não conseguir ver o caminho para sair dele.

Tudo bem estar no sopé da montanha e ter fracassado todas as vezes que tentou escalá-la.

Muitas vezes começamos a nossa jornada de cura a partir do fundo do poço. Não é porque de repente vemos a luz, porque nossos piores dias são magicamente transformados em algum tipo de epifania ou porque alguém nos salva da loucura. O fundo do poço se torna um ponto de virada porque é o único momento em que a maioria das pessoas pensa: *Nunca mais quero me sentir assim.*

Esse pensamento não é só uma ideia. É uma declaração e uma resolução. É uma das coisas mais transformadoras que você pode vivenciar. Torna-se a base sobre a qual você constrói todo o resto.

Quando você decide que realmente não quer mais se sentir da mesma maneira, inicia uma jornada de autopercepção, aprendizado e crescimento que o faz se reinventar de forma radical.

Nesse momento, os erros se tornam irrelevantes. Você não fica mais remoendo quem fez o quê e o mal que lhe fizeram. E só uma coisa guia você: custe o que custar, *eu nunca mais vou aceitar que minha vida volte a esse ponto.*

O fundo do poço não é um dia ruim. Não acontece por acaso. Nós só chegamos ao fundo do poço quando nossos hábitos começam a se misturar com outros, quando nossos mecanismos de enfrentamento estão fora de controle e não conseguimos mais resistir aos sentimentos que estávamos tentando esconder. O fundo do poço acontece quando finalmente enfrentamos nós mesmos, quando tudo deu tão errado que nos resta perceber que só há um denominador comum para tudo.

Nós temos que nos curar. Temos que mudar. Temos que escolher dar meia-volta para nunca mais sentir isso.

Quando temos um dia ruim, não pensamos: *Nunca mais quero sentir isso*. Por quê? Porque não é divertido, mas também não é insuportável. Em geral, porém, nós estamos um tanto cientes de que os pequenos fracassos fazem parte da vida; somos imperfeitos, mas estamos nos esforçando, e esse leve desconforto vai passar.

Não chegamos a um ponto de virada porque uma ou duas coisas dão errado. Chegamos a um ponto de virada quando enfim aceitamos que o problema não é a maneira como o mundo é; é a maneira como nós somos. É uma reflexão linda. Ayodeji Awosika descreve o dele assim: "Você precisa encontrar a mais pura forma de estar de saco cheio. Faça doer. Eu gritei, literalmente: 'Não vou mais viver assim, porra!'"

Os seres humanos são guiados pelo conforto. Eles ficam próximos do que lhes parece familiar e rejeitam o que não parece, mesmo que seja claramente melhor para eles.

Seja como for, a maioria das pessoas só muda de vida de verdade quando não mudar se torna a opção menos confortável. Isso significa que elas só mergulham na dificuldade de alterar os hábitos quando não têm escolha. Quando ficar onde estão não é mais viável. Quando não podem nem mais fingir que a situação é desejável de alguma forma. Para ser sincera, elas estão menos no fundo do poço e mais presas entre uma pedra que as esprema e uma subida árdua.

Se você quer mesmo mudar de vida, permita-se ser consumido pela raiva: não dos outros, não do mundo, mas de dentro de você.

Fique com raiva com determinação, e permita a si mesmo desenvolver uma visão focada com apenas uma meta no final: não continuar como está.

PREPARE-SE PARA UMA MUDANÇA RADICAL

Um dos maiores motivos para as pessoas evitarem fazer um trabalho interno importante é o fato de reconhecerem que, se ficarem curadas, suas vidas vão mudar — às vezes de forma drástica. Se aceitarem o quanto estão infelizes, isso quer dizer que vão ter que ficar temporariamente *mais* incomodadas, envergonhadas ou com medo, enquanto recomeçam.

Vamos deixar uma coisa bem clara: dar fim ao seu comportamento de autossabotagem significa, sem dúvida nenhuma, que a mudança está próxima.

Sua vida nova vai custar a sua antiga.

Vai custar sua zona de conforto e seu senso de direção.

Vai custar relacionamentos e amigos.

Vai custar gostarem de você e o entenderem.

Não importa.

As pessoas que foram feitas para você vão encontrá-lo do outro lado. Você vai construir uma nova zona de conforto em volta das coisas que de fato o fazem seguir em frente. Em vez de ser apreciado, você será amado. Em vez de ser compreendido, você será visto.

As coisas que você vai perder foram feitas para alguém que você não é mais.

Ficar apegado à sua antiga vida é o primeiro e último ato de autossabotagem, e se libertar disso vai fazê-lo verdadeiramente disposto a ver a mudança real.

CAPÍTULO 2

NÃO EXISTE AUTOSSABOTAGEM

QUANDO VOCÊ SE HABITUA a agir de forma que sua vida avance, chama isso de habilidade. Quando as ações fazem sua vida retroceder, você chama isso de autossabotagem. Mas esses são dois lados da mesma moeda.

Às vezes, acontece sem querer. Às vezes, apenas nos acostumamos a viver de um determinado jeito e não conseguimos visualizar como a vida poderia ser diferente. Às vezes, fazemos certas escolhas porque não sabemos fazer escolhas melhores, ou nem sequer sabemos que algo diferente é possível. Às vezes, aceitamos o que recebemos porque não sabemos que podemos pedir mais. Às vezes, vivemos no piloto automático por tanto tempo que começamos a achar que não temos mais escolha.

No entanto, na maioria das vezes não é acidental. Os hábitos e comportamentos que você não consegue deixar de ter, por mais destrutivos ou limitantes que sejam, são elaborados de forma inteligente pelo seu subconsciente para atender uma necessidade não satisfeita, uma emoção deslocada ou um desejo negligenciado.

> Superar a autossabotagem não é tentar entender como resistir a seus impulsos; é, acima de tudo, determinar por que esses impulsos existem.

A autossabotagem costuma ser confundida com um jeito de nos punirmos, ridicularizarmos ou nos magoarmos intencionalmente. Por fora, isso parece bem real. A autossabotagem é, horas depois de se comprometer com uma dieta mais saudável, entrar no drive-thru. É identificar uma oportunidade de mercado, conceber uma ideia de negócio brilhante e inédita e se "distrair", se esquecendo de começar a trabalhar nela. É ter pensamentos estranhos e apavorantes e permitir que eles o paralisem diante de mudanças importantes ou marcos na vida. É saber que você tem tanta coisa pela qual agradecer e se empolgar e, mesmo assim, ficar estressado.

Muitas vezes, nós atribuímos erroneamente esses comportamentos a falta de inteligência, de força de vontade ou de capacidade. Não costuma ser esse o caso. A autossabotagem não é a forma como nos machucamos; é a forma como tentamos nos proteger.

O QUE É AUTOSSABOTAGEM?

Autossabotagem é quando você tem dois desejos conflitantes. Um é consciente e o outro, inconsciente. Você sabe como quer fazer a vida avançar, mas, por algum motivo, continua paralisado.

Quando você tem questões grandes, permanentes, insuperáveis na vida — sobretudo quando as soluções parecem simples, fáceis, mas impossíveis de manter —, o que você tem não são grandes problemas, mas grandes apegos.

As pessoas são ótimas fazendo o que querem.

Isso acontece em todos os aspectos da vida humana. Independentemente das possíveis consequências, a natureza humana se revelou egoísta ao extremo. As pessoas têm um jeito quase super-humano de fazer o que se sentem compelidas a fazer, não importando quem poderiam magoar, quais guerras poderiam gerar ou qual futuro colocariam em risco. Quando consideramos isso, começamos a perceber que, se estamos mantendo algo na vida, tem que haver um motivo para querê-lo ali. A única pergunta é por quê.

Algumas pessoas não entendem por que não conseguem se motivar o suficiente para criar um novo negócio que facilite seu objetivo de ficarem mais ricos, talvez sem perceberem que têm uma crença subconsciente de que ser rico é ser egocêntrico e odiado. Ou pode ser que não queiram ser muito ricas. Talvez disfarcem com isso o fato de que o que elas querem é se sentirem seguras e "cuidadas", ou quem sabe seu verdadeiro desejo seja serem reconhecidas pelo talento artístico, e, como isso parece bem improvável de acontecer, elas alimentam um sonho secundário que não as motiva de verdade.

Algumas pessoas dizem almejar o sucesso a qualquer custo, mas não querem trabalhar o necessário para chegar lá. Talvez seja por entenderem, em algum nível, que ser "bem-sucedido" não torna ninguém feliz nem amado. Na verdade, o oposto costuma acontecer. O sucesso expõe as pessoas à inveja e ao escrutínio. Pessoas bem-sucedidas não são amadas da forma que imaginamos; elas costumam ser alvo de críticas porque pessoas invejosas precisam humanizá-las de alguma forma. Talvez, em vez de serem "bem-sucedidas", o que muitas pessoas querem é apenas serem amadas, mas sua ambição de sucesso ameaça isso diretamente.

Algumas pessoas não conseguem entender por que escolhem relacionamentos "errados", gente cujos padrões de rejeição, abuso ou recusa em se comprometer são consistentes. Talvez não se deem conta de que estão recriando a dinâmica de relacionamento que vivenciaram quando eram jovens, porque associam amor com perda ou abandono. Talvez queiram recriar relacionamentos familiares nos quais se sentiram impotentes, vivendo-os de novo na idade adulta, quando *podem* ajudar a pessoa viciada, mentirosa ou fracassada.

Quando se trata de comportamentos de autossabotagem, você precisa entender que, às vezes, é fácil se apegar aos problemas.

Ter sucesso pode fazer os outros gostarem menos de você.

Encontrar o amor pode deixar você vulnerável.

Se tornar menos atraente pode proteger você.

Ficar nos bastidores permite que você evite escrutínio.

Procrastinar coloca você de volta em um lugar confortável.

Todas as formas de autossabotagem que você usa são métodos para alimentar uma necessidade que, muito provavelmente, você nem se dá conta de que tem. Superá-la não é só questão de aprender a se entender melhor, mas perceber que seus problemas não são problemas: são sintomas.

Você não pode se livrar dos mecanismos de enfrentamento e achar que resolveu o problema.

COMO É A AUTOSSABOTAGEM?

É impossível definir a autossabotagem em termos absolutos, pois certos hábitos e comportamentos podem ser saudáveis para uma pessoa e não serem em outro contexto.

Dito isso, há comportamentos e padrões específicos que são tipicamente indicativos de autossabotagem e costumam estar relacionados à consciência de que há um problema na sua vida e à necessidade de perpetuá-lo mesmo assim. Aqui estão alguns dos principais sinais de que você deve estar em um ciclo de autossabotagem.

RESISTÊNCIA

Resistência é o que acontece quando temos um novo projeto em que precisamos trabalhar e não conseguimos agir. É quando engatamos em um novo e ótimo relacionamento e furamos os planos. É quando temos uma ideia incrível para o nosso negócio, mas sentimos tensão e raiva quando chega a hora de sentar e trabalhar de verdade.

Nós sentimos resistência perante o que está indo *bem* nas nossas vidas, não diante do que está indo mal. Quando temos um problema para resolver, não encontramos resistência em lugar nenhum. Mas quando temos algo para apreciar, criar ou construir, acessamos uma parte de nós que está tentando prosperar em vez de apenas sobreviver, e a falta de familiaridade com essa experiência pode ser assustadora.

COMO RESOLVER ISSO

A resistência é seu jeito de ir mais devagar e ter certeza de que é seguro se apegar a algo novo e importante. Em outros casos, pode ser um sinal de que algo não está certo e talvez você precise dar um passo para trás e se reorganizar.

Resistência não é o mesmo que procrastinação ou indiferença, e não deve ser tratada como tal. Quando sentimos resistência, sempre há um motivo, e temos que prestar atenção. Se tentarmos nos forçar a performar diante da resistência, o sentimento se intensifica, pois estamos fortalecendo o conflito interno e desencadeando o medo que nos refreia.

Na verdade, deixar de lado a resistência requer mudar de foco. Precisamos ter clareza sobre o que queremos, quando queremos e por que queremos. Precisamos identificar as crenças inconscientes que nos impedem de voltar ao trabalho quando sentimos inspiração. Querer é a porta de entrada para nos expormos depois da resistência.

CHEGANDO AO SEU LIMITE SUPERIOR

Como já discutimos, há um certo limite de felicidade que a maioria de nós se permite sentir. Gay Hendricks chama isso de "limite superior".

Seu limite superior é basicamente a quantidade de "coisas boas" com que você fica à vontade em ter. É sua tolerância e o limiar para ter sentimentos positivos ou vivenciar eventos positivos.

Quando começa a ultrapassar seu limite superior, você passa a sabotar de forma inconsciente o que está acontecendo para voltar ao que é confortável e familiar. Para algumas pessoas, isso se manifesta fisicamente, muitas vezes como incômodos, dores ou tensão física. Para outras, se manifesta emocionalmente como resistência, raiva, culpa ou medo.

Pode parecer contraintuitivo, mas nós não estamos preparados para sermos felizes; estamos preparados para sentirmos conforto, e qualquer coisa fora desse âmbito parece ameaçador e assustador até estarmos familiarizados.

COMO RESOLVER ISSO

Chegar ao seu limite superior é um excelente sinal. Significa que você está se aproximando e superando novos níveis na vida, e, acima de tudo, esse é um motivo para comemorar. A maneira de resolver um problema de limite superior é se acostumar aos poucos ao seu novo "normal".

Em vez de provocar impacto com grandes mudanças, permita-se um ajuste e uma adaptação graduais. Indo devagar, você se possibilitará restabelecer aos poucos uma nova zona de conforto em torno do que quer que sua vida seja. Com o tempo, você muda gradualmente seu patamar para um novo padrão.

DESENRAIZAMENTO

O desenraizamento acontece quando alguém se vê pulando de relacionamento em relacionamento ou mudando o site do seu negócio sem parar quando, na verdade, precisa se concentrar em confrontar as questões de relacionamento que surgem ou cuidar dos clientes já existentes. No desenraizamento, você não se permite florescer; só fica à vontade com o processo de brotamento.

Isso decorre da necessidade constante de um "novo começo", o que costuma ser resultado de não dispor de formas saudáveis de lidar com o estresse ou de ter dificuldade com resolução de conflitos. O desenraizamento pode ser uma forma de tirar a atenção dos problemas reais da sua vida, pois sua atenção precisa ser usada para restabelecer-se em um emprego novo ou em uma cidade nova.

No fim das contas, o desenraizamento significa que você está sempre começando um novo capítulo, mas nunca o termina. Apesar dos seus esforços para seguir em frente, você acaba mais preso do que nunca.

COMO RESOLVER ISSO

Primeiro, reconheça o padrão.

Um dos principais sintomas do desenraizamento é não se dar conta dele. Portanto, o passo mais importante é ter consciência do que está acontecendo. Refaça seus passos nos anos anteriores: para quantos lugares você se mudou ou em quantos trabalhou? Perceba o que está afastando você de cada coisa nova que encontra.

Em seguida, você precisa entender claramente o que de fato quer. Às vezes, o desenraizamento ocorre porque andamos rápido demais na direção do que achamos que queremos, mas acabamos descobrindo que não pensamos direito e não queremos a tal coisa tanto assim. Clareza é a chave, porque você está pensando no longo prazo agora. Como seria escolher um lugar para morar e criar conexões lá? Como seria trabalhar no mesmo lugar por um longo tempo e ir subindo na hierarquia ou construir seu próprio negócio?

Lembre-se de que se curar de um padrão de desenraizamento não é escolher uma coisa que você não quer, nem ficar em uma situação que não é segura ou saudável porque você não quer se mudar de novo. É entender com clareza e determinação o caminho certo para você e fazer um planejamento de como prosperar nele, não apenas sobreviver. Quando chegar o momento em que você habitualmente fugiria, confronte o incômodo e fique onde está. Descubra *por que* você fica incomodado de se apegar a uma coisa ou outra e determine como seria um apego saudável para você.

PERFECCIONISMO

Quando esperamos que nosso trabalho seja perfeito na primeira vez que o fazemos, acabamos entrando em um ciclo de perfeccionismo.

Perfeccionismo não é querer que tudo fique certo. Não é uma coisa boa. Na verdade, é algo que atrapalha, pois cria expectativas irreais sobre o que somos capazes de fazer ou como nossa vida pode ser.

O perfeccionismo nos impede de arriscar, isto é, de fazer o trabalho importante da nossa vida. Isso acontece porque sentimos medo do fracasso, da vulnerabilidade ou de não sermos tão bons quanto os outros acham que somos, e, assim, evitamos o esforço necessário para sermos bons de fato. Nós nos sabotamos porque é a disponibilidade de comparecer e simplesmente *fazer* algo repetidas vezes que acaba por nos levar à excelência da atividade em questão.

COMO RESOLVER ISSO

Não se preocupe em fazer bem; apenas faça.

Não se preocupe em escrever um best-seller, apenas escreva. Não se preocupe em compor uma canção digna do Grammy, apenas componha. Não tenha medo de fracassar, apenas continue tentando. No começo, a única coisa que importa é que você *faça* o que realmente quer fazer. A partir daí, você pode aprender com seus erros e, com o tempo, chegar ao ponto onde de fato quer estar.

A verdade é que nós não alcançamos grandes feitos quando estamos ansiosos pensando se o que vamos fazer vai ser ou não algo impressionante e revolucionário. Nós atingimos esse tipo de feito quando botamos a mão na massa e nos permitimos criar algo significativo e importante para nós.

Em vez de perfeição, concentre-se em progresso. Em vez de fazer algo impecável, concentre-se somente em fazer. Então, você pode editar, construir, ampliar e desenvolver essa coisa para se ajustar 100% à sua visão dela. Mas, se não começar, você nunca vai chegar lá.

CAPACIDADE LIMITADA
DE PROCESSAMENTO EMOCIONAL

Na vida, haverá pessoas, situações e circunstâncias que são incômodas, irritantes, entristecedoras e até exasperantes. Da mesma forma, você encontrará pessoas, situações e circunstâncias inspiradoras, esperançosas, úteis e que vão oferecer propósito e significado à sua vida.

Quando só consegue processar metade das suas emoções, você se tolhe. Começa a se esforçar para evitar qualquer situação que possa gerar frustração ou incômodo, pois não tem ferramentas para lidar com esses sentimentos. Isso significa que você começa a evitar os riscos e ações que acabariam mudando sua vida para melhor.

Além disso, a incapacidade de processar emoções significa que você fica preso nelas. Você fica remoendo a raiva e a tristeza porque não sabe eliminá-las. Quando só conseguimos processar metade das nossas emoções, nós acabamos vivendo apenas metade da vida que realmente queremos.

COMO RESOLVER ISSO

O processamento emocional saudável é diferente para cada pessoa, mas costuma envolver os seguintes passos:

- Entender claramente o que aconteceu.
- Validar seus sentimentos.
- Determinar uma correção de rumo.

Primeiro, você precisa entender por que está chateado ou o motivo para algo incomodá-lo tanto. Se não tiver clareza sobre isso, você vai continuar perdendo tempo e ruminando sobre os detalhes sem entender de fato o que machuca tanto.

Em seguida, você precisa validar o que sente. Reconheça que não está sozinho; qualquer um na sua situação provavelmente sentiria o mesmo (e sente), e o que você sente é válido. Ao fazer isso, você se permite uma liberação física como chorar, tremer, escrever sobre o que sente ou conversar com um amigo de confiança.

Quando entende o que há de errado e se permite expressar integralmente a extensão das suas emoções, você pode determinar como vai mudar seu comportamento ou processo mental para poder chegar ao resultado que almeja no futuro.

JUSTIFICATIVA

Sua vida é medida pelos resultados, não pelas intenções. Não se resume ao que você queria fazer ou ao que teria feito, mas não teve tempo. Não se resume ao que você achou que não conseguiria; é o que você acabou fazendo ou não. Quando está em um padrão de comportamento de autossabotagem, você muitas vezes trata essas desculpas da mesma forma que trataria resultados mensuráveis: usando-as para se fazer sentir momentaneamente satisfeito, substituindo a realização em si.

Quando temos um objetivo, sonho ou plano, não há medidas para a intenção. É fazer ou não. Qualquer outro motivo que você encontre para não fazer o que tem que ser feito é apenas uma declaração de que prioriza esse motivo sobre sua ambição final, o que significa que isso vai sempre tomar precedência na sua vida.

Você também pode estar usando desculpas para ajudá-lo a se livrar de sentimentos incômodos que acabam sendo necessários para seu crescimento.

COMO RESOLVER ISSO

Comece a medir seus resultados e a se concentrar em fazer pelo menos uma tarefa produtiva por dia.

Não se trata mais de quantos dias você queria ir à academia, mas, sim, de quantos você foi. Não se trata mais de querer estar disponível para os amigos, mas, sim, estar ou não. Não se trata mais das grandes ideias que você teve sobre como mudar seu negócio, mas, sim, mudá-lo ou não.

Pare de aceitar suas próprias desculpas. Pare de ser complacente com suas próprias justificativas. Comece a quantificar seus dias pelas coisas saudáveis e positivas que você realizou e veja a rapidez com que começará a fazer progresso.

DESORGANIZAÇÃO

Ao deixar nossa vida e nossos espaços desorganizados, não apenas estamos nos esquecendo de cuidar do que nos circunda. Muitas vezes, estamos criando distrações e caos que servem a um propósito inconsciente.

Um espaço limpo e organizado — tanto para morar quanto para viver — é essencial para prosperar. Isso significa ter uma casa arrumada, roupas fáceis de pegar e escolher de manhã, ter uma cozinha limpa e uma mesa organizada. A papelada deve ficar arrumada, seu quarto deve ser tranquilizador e tudo deve ter um "lugar" para o qual voltar no fim do dia.

Sem limpeza, criamos poucas oportunidades para nós mesmos. Nada de positivo ou belo flui do caos. Lá no fundo, nós sabemos disso. Muitas vezes, quando estamos nos autossabotando por meio da desorganização, é porque a organização e o asseio nos trazem uma sensação de inquietude. Essa sensação é o que estamos tentando evitar, pois é o sentimento de que, agora que tudo está em ordem, temos que fazer o que precisamos fazer ou nos tornar quem queremos nos tornar.

Quando deixamos nosso espaço bagunçado, restam sempre algumas tarefas ou prioridades que nos impedem de nos destacar.

COMO RESOLVER ISSO

Como tudo na vida, você precisa começar devagar e se ajustar ao longo do tempo. Para desentulhar e reorganizar, comece com um aposento, e, se for demais, tente um canto, uma gaveta ou um armário. Trabalhe nisso, depois implemente uma rotina que mantenha a organização.

A partir daí, comece a arrumar seu espaço para que funcione a seu favor, não contra você. Coloque algo calmante na sua mesa de cabeceira, como um difusor, ou crie um calendário familiar organizado na cozinha, para que compromissos e horários fiquem visíveis para todos. Se você tiver problemas com correspondências desorganizadas, crie um local para colocá-las quando chegarem. Se tiver problema com bagunça na roupa para lavar, crie um sistema e decida um ou dois dias da semana para fazer a lavagem, e lave muitas peças de uma só vez.

Você precisa se permitir aos poucos acostumar-se a trabalhar em uma mesa limpa, para que isso se torne algo natural. Você vai perceber que também sente bem menos estresse e mais controle da própria vida.

É difícil ser quem você quer ser quando se está em um ambiente que o faz se sentir alguém que não é.

APEGO ÀQUILO QUE VOCÊ NÃO QUER

Às vezes, seus sonhos vieram das preferências alheias. Em outros casos, você determina o que quer e depois supera suas ambições.

Às vezes, nós lutamos infinitamente para tentar nos forçar a querer algo que não queremos, e sempre acabamos nos sentindo vazios, porque não é um desejo genuíno. Isso é diferente de não ter motivação ou de vivenciar resistência. Nossa incapacidade de desempenho não é baseada em medo ou na falta de habilidade, mas sim em um conhecimento inerente de que não é isso que queremos para a nossa vida, e talvez estejamos nos sentindo perdidos ou incapazes de mudar nosso caminho.

Quando se vê com dificuldade para fazer algo, você precisa se perguntar: *Eu quero mesmo fazer isso?* Você quer o emprego ou só gosta do nome do cargo? Você está apaixonado pela pessoa ou só gosta da ideia do relacionamento? Você ainda tem uma noção ultrapassada de qual será seu maior sucesso e, se sim, como seria superar isso?

No fim das contas, a autossabotagem às vezes age para nos mostrar que nós ainda não estamos no caminho certo e que precisamos fazer uma reavaliação para determinar o que seria melhor para a nossa vida, mesmo que isso signifique decepcionar algumas pessoas ou até nosso eu mais jovem.

Nós não precisamos viver o resto da vida tentando alcançar uma medida de sucesso que achávamos ideal quando éramos jovens demais para entendermos quem éramos. Nossa única responsabilidade é tomar decisões pela pessoa que nos tornamos.

COMO RESOLVER ISSO

Esteja disposto a aceitar que talvez sua "história de sucesso" não se pareça com o que você imaginou.

Talvez o tipo de sucesso pelo qual você realmente anseie seja sentir a paz de cada dia ou preencher sua vida com viagens, em vez de trabalho. Talvez seja ter amizades prósperas ou um relacionamento feliz. Talvez você tenha criado dez anos atrás um negócio no qual não quer ficar para sempre. Talvez o trabalho que você achou que amaria não esteja fluindo de forma tão natural quanto esperava.

Quando nos libertamos do que não é certo para nós, criamos espaço para descobrirmos o que se encaixa. No entanto, fazer isso requer a desmedida coragem de botar nosso orgulho de lado e ver as coisas como de fato são.

JULGAR OS OUTROS

Nós todos sabemos que fofocar ou julgar a vida e as escolhas dos outros não é uma forma saudável e positiva de estabelecer conexões. Entretanto, isso causa bem mais danos do que nos damos conta, pois cria barreiras para nosso próprio sucesso.

Quando nos sentimos mal por não sermos tão bem-sucedidos quanto outra pessoa, às vezes tentamos achar algo de negativo nela para nos sentirmos melhores. Se fizermos isso cada vez que encontrarmos alguém mais bem-sucedido do que nós, começamos a associar esse nível de sucesso à falta de popularidade. Quando chegar a hora de agirmos para progredir, resistiremos, porque fazer mais sucesso vai criar uma fenda no nosso autoconceito.

Em outros casos, você pode ter ouvido pessoas com quem cresceu falando mal de quem tinha dinheiro. Talvez elas tenham dito coisas como: "As pessoas ricas são as piores." Talvez tenham dito que todos os ricos são moralmente corruptos. Essa generalização se embrenhou no seu subconsciente, e agora você se vê sabotando suas próprias tentativas de se tornar financeiramente saudável porque associa isso com culpa e rejeição.

Quando julgamos os outros, criamos regras que temos que seguir também. Ao julgar alguém pelo que não temos ou porque os invejamos, sabotamos nossas próprias vidas bem mais do que fazemos mal a qualquer outra pessoa.

COMO RESOLVER ISSO

Muitos dizem que você precisa se amar primeiro antes de amar os outros, mas, na verdade, ao aprender a amar os outros, você vai aprender a amar a si mesmo.

Pratique o não julgamento a partir da não suposição. Em vez de chegar a uma conclusão sobre alguém com base nas informações limitadas que você tem, considere que você não está sabendo de tudo e não conhece a história toda.

Quando tem mais compaixão pelas vidas dos outros, você passa a ter mais compaixão pela sua também. Quando vir alguém que tem algo que você quer, dê parabéns, mesmo que seja difícil no começo. Isso vai se estender a você, abrindo-o para receber a mesma coisa.

ORGULHO

O orgulho com frequência está presente em muitas das nossas piores decisões.

Às vezes, sabemos que um relacionamento não tem futuro, mas a vergonha de terminar parece pior do que ficar. Às vezes, começamos um negócio e percebemos que não gostamos dele tanto assim ou nos recusamos a aceitar que precisamos mudar ou pedir ajuda. Nesses casos, nosso orgulho está atrapalhando. Tomamos decisões com base em como imaginamos que as pessoas veem a nossa vida, não em como ela realmente é. Isso não é só impreciso, mas também não é nem um pouco saudável.

COMO RESOLVER ISSO

Para superar nosso apego ao orgulho, temos que começar a nos ver de forma mais integral e honesta.

Em vez de achar que precisamos provar para todo mundo ao nosso redor como somos perfeitos e impecáveis, podemos nos imaginar de forma mais realista: pessoas que, apesar das fraquezas, estão fazendo o melhor possível. No fim, parece bem pior se agarrar a algo sem futuro por nos importarmos com o que os outros pensam do que pôr fim à situação porque é o certo para você. Os outros o respeitarão bem mais se você reconhecer que é uma pessoa imperfeita — como todo mundo —, aprendendo, se adaptando e fazendo o melhor possível.

Ao chegar a esse mindset, você também se abre para o aprendizado. Ao não supor que sabe tudo ou que precisa parecer perfeito, você será capaz de admitir quando estiver errado, pedir ajuda e contar com os outros às vezes. Basicamente, você se abre para o crescimento e sua vida fica melhor.

CULPA POR SER BEM-SUCEDIDO

Em um mundo com tanta dor, horror e infelicidade, quem somos nós para termos vidas felizes e abundantes?

É esse o processo de pensamento pelo qual tanta gente passa. Uma das maiores barreiras mentais que as pessoas enfrentam é a culpa ocasionada por finalmente possuírem o suficiente ou mais do que precisam. Isso pode vir de muitas fontes, mas acaba se resumindo a se sentir como se você "não merecesse" ter algo.

Esse sentimento costuma surgir quando começamos a ganhar mais dinheiro ou ter bens melhores. Muitas vezes, as pessoas sabotam suas rendas mais altas com gastos arbitrários imprudentes ou sendo menos atentos à clientela e ao volume de trabalho, por não ficarem à vontade em ter mais do que as necessidades básicas, e, assim, se colocam de volta em uma sensação confortável de falta.

Quando se trata de sucesso, infelizmente a culpa é uma emoção comum, em especial para pessoas de bom coração que querem fazer a coisa certa e levar vidas autênticas.

COMO RESOLVER ISSO

Perceba que as pessoas extremamente bem-sucedidas não sentem culpa nenhuma. Na verdade, esse sentimento só costuma surgir quando você está dando o passo entre não ter o suficiente e enfim ter o suficiente.

O que você precisa perceber é que dinheiro e sucesso são ferramentas que compram tempo e oferecem a oportunidade de ajudar, empregar, influenciar e mudar a vida dos outros. Em vez de ver seu sucesso como diferenciador de status — o que sempre vai fazer você se sentir mal e incomodado —, veja-o como uma ferramenta com a qual você pode gerar mudanças importantes e positivas no mundo e na sua própria vida.

MEDO DE FRACASSAR

Com que frequência nós nem tentamos algo porque temos medo de passar uma imagem ruim ou de fracassar logo de cara?

O medo de fracassar costuma ser algo que impede as pessoas de fazerem o que elas precisariam fazer para se tornarem grandiosas de verdade em uma área, mas também pode assumir uma forma mais traiçoeira. Quando estabelecemos algo novo em nossas vidas, esse medo pode aparecer como uma preocupação constante e irracional de que estejamos sendo privados de algo, de que nosso parceiro esteja sendo infiel ou de que estejamos a um passo de perder tudo.

Esses pensamentos catastróficos acontecem quando queremos nos proteger de alguma perda em potencial. Só surgem quando finalmente temos algo do qual gostamos bastante e que queremos muito manter.

COMO RESOLVER ISSO

Há uma diferença entre fracassar por estar tentando algo novo e ousado e fracassar por não ser responsável, fazer o que deve ser feito ou assumir suas ações.

Essas são duas experiências bem diferentes e devem ficar separadas na sua mente.

Por mais assustador que possa ser não alcançar excelência em alguma coisa de imediato, ou talvez até vivenciar uma perda, pior ainda é fracassar por nunca tentar e sempre pensar pequeno. O fracasso é inevitável, mas você precisa ter cuidado para que aconteça pelos motivos certos.

Quando fracassamos por negligência, damos um passo para trás. Quando fracassamos porque estamos tentando novos feitos, damos um passo para mais perto do que vai funcionar.

MINIMIZAR

Ao minimizar nossos sucessos na vida, estamos tentando parecer menos impressionantes para que os outros não se sintam ameaçados e, portanto, gostem mais de nós. Ou estamos tentando evitar a sensação de que nós "conseguimos" porque temos medo de chegar ao topo.

Embora tantos de nós anseiem pelo momento em que sentimos que finalmente chegamos e alcançamos o sucesso tão desejado, é comum que, ao atingi-lo, sintamos que isso não é tão incrível, impressionante ou que não nos faz sentir tão bem quanto achamos que faria.

Isso acontece por causa da minimização. A ideia de ter "conseguido" nos deixa com medo de estar chegando ao ápice e de que vamos cair dele em seguida. Se reconhecermos que chegamos, que objetivos restam? É uma sensação parecida com a morte, então encontramos outra medida pela qual trabalhar. Da mesma forma, quando estamos com outras pessoas, não ostentamos nosso orgulho porque nos ensinaram que isso é algo ruim (quando feito de uma forma não saudável, é ruim mesmo). O que estamos sentindo é a sensação de ser "melhor" do que os outros porque conquistamos algo. Isso nos deixa incomodados porque sabemos que não é verdade, além de ser cruel.

COMO RESOLVER ISSO

Nós podemos reconhecer e apreciar as mais variadas realizações e talentos das outras pessoas e ainda assim sermos felizes com quem somos. Em vez de desdenhar de um elogio, podemos responder dizendo: "Obrigado, eu me esforcei muito e estou feliz de ter chegado aqui."

Se o medo for causado por estarmos chegando ao "topo" cedo demais, precisamos modificar nossa ideia de progresso. Nós não melhoramos só para piorar de novo. Não conquistamos uma coisa para perdê-la e voltar ao que éramos antes. Esse instinto é um comportamento de autossabotagem, que quer nos manter na nossa antiga zona de conforto.

Em vez disso, podemos reconhecer que, quando uma parte da nossa vida melhora, ela se irradia para todo o resto. Quando conquistamos algo, estamos mais bem equipados para o futuro. A vida tende a melhorar gradualmente conforme vamos nos esforçando nela; só piora se conquistarmos algo e nos fecharmos, intimidados pelo próprio poder.

HÁBITOS NÃO SAUDÁVEIS

Essa é a forma mais comum como as pessoas sabotam o próprio sucesso: mantendo hábitos que as afastam ativamente de seus objetivos.

Isso acontece quando alguém diz que quer melhorar a forma física, mas não muda nada do que faz todos os dias para facilitar isso. Ou quando quer fazer uma mudança profissional, mas encontra maneiras de dificultar ou impossibilitar que isso aconteça.

No cerne de todos esses comportamentos está o fato de que parte da nossa psique entende que deveríamos estar evoluindo e progredindo na vida, e outra parte fica intimidada pelo desconforto em potencial que isso traria. Em geral, o embate culmina em tanta tensão e frustração internas que se chega a um ponto de ruptura, e mudanças acontecem a partir daí.

Entretanto, o objetivo é *não* ter que chegar a um ponto de crise para poder perceber as formas pelas quais você está se impedindo de viver com paz e conforto.

COMO RESOLVER ISSO

Defina o que é saúde para você. O que você entende por uma vida saudável? Como isso faria você se sentir e o que você estaria fazendo para ser saudável?

É difícil olhar apenas para a definição de salubridade de outra pessoa, principalmente porque somos todos indivíduos diferentes com necessidades, preferências e agendas variadas.

Em vez disso, decida o que faz você se sentir melhor. Decida qual combinação de comida saudável, exercícios físicos e rotina de sono é certa para você e respeite o determinado. Como tantas coisas, hábitos saudáveis são melhores se estabelecidos aos poucos. Em vez de tentar se obrigar a fazer uma hora de musculação às 6 horas da manhã, tente fazer 15 minutos, ou talvez reveze com uma aula de que você goste muito, ou vá à academia num horário que se encaixe melhor na sua agenda.

Facilite as coisas para ser bem-sucedido. Prepare suas refeições ou deixe água na sua mesa para poder consumi-los ao longo do dia. Recondicione-se gradualmente para adquirir hábitos saudáveis que de fato funcionem para o seu estilo de vida.

ESTAR "OCUPADO"

Outro jeito bem comum de as pessoas se sabotarem é se distraindo ao ponto de ficarem completamente alienadas da própria vida.

Pessoas que estão constantemente "ocupadas" estão fugindo de si mesmas.

Ninguém fica "ocupado" se não quiser estar ocupado, e você sabe disso porque muitas pessoas com horários lotados jamais se descrevem assim. Isso ocorre porque estar "ocupado" não é uma virtude; só sinaliza para os outros que você não sabe gerenciar seu tempo e suas tarefas.

Estar ocupado passa a ideia de importância; muitas vezes, faz você parecer um tanto intocável para os outros. Também sufoca o corpo para que só consiga se concentrar nas tarefas da vez. Estar ocupado é a mais eficiente forma de se distrair para não ver o que de fato está errado.

COMO RESOLVER ISSO

Se sua agenda não for gerenciável, você nunca será tão eficiente e produtivo quanto poderia ser. Se for esse o caso, seu primeiro objetivo deve ser administrar e priorizar suas tarefas em ordem de importância, terceirizar o que puder e deixar o resto de lado.

Se é seu costume criar o caos de forma proposital e sobrecarregar seu dia quando não há necessidade, você precisa aceitar a simplicidade e a rotina. Comece escrevendo as cinco tarefas principais que precisam ser feitas diariamente e concentre-se em realizar apenas essas.

Talvez você também precise confrontar a sensação de "proteção" que estar ocupado lhe dá. Isso faz com que você se sinta mais importante do que os outros? Dá a você uma desculpa para dizer "não" a planos ou para evitar algumas pessoas? Você precisa encontrar formas mais saudáveis e produtivas de lidar com esses sentimentos, como encontrar autoconfiança genuína no que faz; pode ser criando algo de que tem orgulho ou melhorando na tarefa de comunicar de forma calma e clara quais são seus limites e necessidades nos relacionamentos.

PASSAR TEMPO COM AS PESSOAS ERRADAS

É verdade que boa parte das nossas vidas é definida pelas pessoas com quem convivemos, e as companhias que você mantém são outra forma comum de autossabotagem.

Você com certeza consegue pensar em pessoas da sua vida que o fazem se estressar, se sentir inseguro, e mesmo assim você continua convivendo com elas. Esses relacionamentos existem na extremidade mais leve do espectro de toxicidade, mas são autodestrutivos mesmo assim.

Se você se vê preocupado com certa amizade ou relacionamento que está fazendo com que se sinta quase viciado no sentimento de ser "inferior" ou "invejoso", você precisa se afastar gradualmente dessa pessoa. Não precisa ser cruel, grosseiro, nem cortar ninguém da sua vida.

Mas você precisa entender que as pessoas com quem passa mais tempo vão moldar o seu futuro, então é preciso escolhê-las com sabedoria.

COMO RESOLVER ISSO

Trabalhe para construir um círculo de pessoas que apoiam e inspiram você, que têm objetivos similares e que gostam de passar tempo na sua companhia. Você deveria sair de um encontro com elas se sentindo energizado e inspirado, não exausto e irritado.

Leva tempo para encontrar seu grupo de amigos, e talvez você não descubra isso logo de uma vez. Pode começar convidando alguém que você admira para tomar um café ou fazendo alguma atividade com alguém com quem gostaria de se reconectar. Reconstrua suas conexões de forma lenta e genuína, depois cuide delas o máximo que puder.

PREOCUPAR-SE COM MEDOS IRRACIONAIS E CIRCUNSTÂNCIAS POUCO PROVÁVEIS

Outra forma muito comum de autossabotagem é se preocupar com medos dos piores cenários possíveis.

Você deve estar familiarizado com isso, ao menos em algum grau: você tem um pensamento esquisito ou altamente improvável que evoca um sentimento profundo de temor e uma série de cenários "apocalípticos" na sua cabeça. Fixa-se nisso ao ponto de ter uma parte da sua vida controlada pelo medo.

Medos irracionais, sobretudo aqueles que têm menos chance de se tornarem realidade, costumam ser projeções dos verdadeiros medos. As versões irracionais são seguras, porque, lá no fundo, sabemos que não vão acontecer. Elas são marcadores de lugar, uma forma de expressarmos o sentimento que realmente temos por algo que sabemos que não vai acontecer.

Quando você se encontrar em um ciclo de medo, repetindo uma circunstância estranha, aleatória, única e sem a menor importância, ou uma situação que tem baixíssima probabilidade de acontecer, pergunte a si mesmo se tem algum sentimento sobre algo relacionado que seja de fato válido.

Por exemplo, se você fica ansioso quando anda de carona em um carro, considere se seu medo é de "seguir em frente" ou de "perder o controle". Ou, caso o motivo da sua ansiedade seja ser demitido, o medo pode ser da ideia de você não ser digno de outro emprego ou de ser humilhado por algum superior.

COMO RESOLVER ISSO

Em vez de desperdiçar toda a sua energia tentando controlar o pior cenário possível, considere qual pode ser a mensagem do medo e o que ele está dizendo que você precisa na sua vida.

Se o medo fosse uma metáfora, o que significaria? Seria a perda abrupta de renda um símbolo do seu desejo por segurança? O medo do futuro simboliza que você não está vivendo de verdade agora? A ansiedade ao ter que tomar decisões significa que você sabe o que realmente quer e tem medo de escolher isso?

Na essência das coisas que mais tememos há uma mensagem que estamos tentando enviar a nós mesmos sobre aquilo com que realmente nos importamos. Se conseguirmos identificar o que queremos proteger, poderemos encontrar maneiras mais saudáveis e seguras de fazer isso.

COMO SABER SE VOCÊ ESTÁ EM UM CICLO DE AUTOSSABOTAGEM

Mesmo que você consiga entender de forma cognitiva os comportamentos autossabotadores, às vezes a parte mais difícil é reconhecer que estamos recorrendo a eles.

Na verdade, os sinais podem ser tão sutis que mal dá para perceber, e muitas vezes só chamam atenção quando se tornam muito problemáticos ou outra pessoa os observa. Alguns dos sintomas mais proeminentes de autossabotagem são:

VOCÊ ESTÁ MAIS CIENTE DAQUILO QUE NÃO QUER DO QUE DAQUILO QUE QUER.

Você passa mais tempo se preocupando, remoendo e se concentrando no que espera que não aconteça do que imaginando, criando estratégias e planejando o que faz.

VOCÊ PASSA MAIS TEMPO TENTANDO IMPRESSIONAR PESSOAS QUE NÃO GOSTAM DE VOCÊ DO QUE COM PESSOAS QUE O AMAM COMO VOCÊ É.

Você fica mais concentrado em se tornar o tipo de pessoa que gera inveja nos seus supostos inimigos do que em ser o tipo de pessoa amada pela família e pelos amigos, priorizando-os acima de tudo.

VOCÊ ESTÁ ENFIANDO A CABEÇA NUM BURACO.

Você não sabe fatos básicos da sua vida, como o valor de suas dívidas ou quanto as pessoas da sua área ganham pelo mesmo tipo de trabalho. Quando entra em uma discussão, você foge até esquecê-la em vez de conversar sobre o que está errado e pensar em uma solução. Em outras palavras, você está em negação, e qualquer esperança de cura é inútil.

VOCÊ SE IMPORTA MAIS EM CONVENCER OS OUTROS DE QUE ESTÁ BEM DO QUE EM ESTAR BEM.

Você prefere postar fotos que fazem parecer que se divertiu muito em vez de se preocupar com se divertir. Você se esforça mais em tentar convencer todo mundo de que está bem em vez de ser honesto e procurar alguém que poderia ajudá-lo ou apoiá-lo.

SUA MAIOR PRIORIDADE NA VIDA É SER AMADO, MESMO QUE O CUSTO DISSO SEJA A FELICIDADE.

Você pensa mais na aprovação de suas ações pelas "pessoas" (quem são as "pessoas", afinal?) do que em se sentir realizado e satisfeito por ser quem você é.

VOCÊ TEM MAIS MEDO DOS SEUS SENTIMENTOS DO QUE DE QUALQUER OUTRA COISA.

Se você chegar ao ponto de sua vida em que a coisa mais assustadora e danosa é enfrentar o medo de conseguir ou não lidar com as suas próprias emoções, é você quem está atrapalhando seu caminho — nada mais.

VOCÊ ESTÁ CORRENDO ÀS CEGAS ATRÁS DE OBJETIVOS SEM SE PERGUNTAR POR QUE QUER ESSAS COISAS.

Se você está fazendo "tudo que deveria" mas se sente vazio e deprimido mesmo assim, talvez não esteja fazendo o que quer de verdade; você só adotou o roteiro de felicidade de outra pessoa.

VOCÊ ESTÁ TRATANDO SEUS MECANISMOS DE ENFRENTAMENTO COMO O PRINCIPAL PROBLEMA.

Em vez de tentar incitar uma guerra contra si mesmo para superar o excesso de comida, de gastos, de bebida, de sexo — o que quer que você saiba que precisa melhorar —, pergunte a si mesmo qual necessidade emocional aquilo está atendendo. Até fazer isso, você vai batalhar eternamente contra o problema.

VOCÊ VALORIZA SUA DÚVIDA MAIS DO QUE SEU POTENCIAL.

A negatividade nos faz acreditar que coisas "ruins" são mais reais do que as boas, e, se não mantivermos esse pensamento sob controle, ele pode nos fazer acreditar que tudo que tememos ser verdade é mais real do que as coisas boas que realmente são verdade.

VOCÊ ESTÁ TENTANDO DAR CONTA DE TUDO.

Sua força de vontade é um recurso finito. Há um limite diário. Em vez de usá-lo para tentar ser bom em tudo, decida o que importa mais. Foque sua atenção nisso e deixe todo o resto de lado.

VOCÊ ESTÁ ESPERANDO QUE OUTRA PESSOA ABRA UMA PORTA, OFEREÇA APROVAÇÃO OU ENTREGUE A VOCÊ A VIDA QUE QUER VIVER.

Nós crescemos com a ilusão de que o sucesso é entregue para as pessoas mais merecedoras, talentosas ou privilegiadas. Mas, quando chegamos lá, percebemos que ele é construído por aqueles que encontram uma interseção de interesses, paixões, habilidades e uma oportunidade de mercado. Junte a isso um pouco de persistência e a única forma de fracassar é desistindo.

VOCÊ NÃO PERCEBE COMO CHEGOU LONGE.

Você não é a mesma pessoa de cinco anos atrás. Você evolui junto à sua autoimagem, então se certifique de que ela seja certeira. Se dê crédito por tudo que superou e nunca achou que superaria e por tudo que construiu e que nunca achou que conseguiria. Você foi bem mais longe do que pensa e está bem mais perto do sucesso do que percebe.

IDENTIFIQUE SEUS
COMPROMISSOS SUBCONSCIENTES

Parte da razão de com frequência vivenciarmos conflitos internos ou autossabotagem intensos é algo chamado compromisso central, que é essencialmente seu objetivo ou intenção principal na vida.[5]

Seus compromissos subconscientes são basicamente aquilo que você quer mais do que tudo e muitas vezes nem sabe. Você pode identificar esses compromissos centrais ao olhar as coisas com que mais tem dificuldade e as coisas que mais o motivam. Ao retirar as camadas das suas motivações de cada uma dessas coisas, você vai encontrar uma causa básica. Quando encontrar a mesma causa básica para tudo, terá identificado um compromisso central.

As pessoas só parecem irracionais e imprevisíveis até você entender seus compromissos fundamentais.

Por exemplo, se alguém tem a liberdade como compromisso central, essa pessoa pode acabar sabotando oportunidades de trabalho para conseguir isso. Se o compromisso central de alguém é se sentir desejado, a pessoa pode ter uma série de relacionamentos com conexões intensas, mas se recusar a criar compromissos por medo de a chama "se apagar". Se o compromisso central de alguém é ter o controle da própria vida, essa pessoa pode sentir uma ansiedade irracional sobre coisas que *representam* a perda de controle. Se o compromisso central de alguém é ser amado pelos outros, essa pessoa pode fingir estar desamparada em certas áreas da vida porque, ao não *precisar* dos outros, ela pode ser *abandonada*.

Mas a coisa mais importante a entender é que seus compromissos centrais costumam encobrir necessidades centrais. Sua necessidade central é o oposto do seu compromisso central. Sua necessidade central é outra forma de identificar seu *propósito*. Por exemplo, se seu compromisso central subconsciente é estar no controle, sua necessidade central é confiança. Se seu compromisso central subconsciente é se sentir necessário, sua necessidade central é saber que precisam de você. Se seu compromisso central subconsciente é ser amado pelos outros, sua necessidade é amor-próprio.

> Quanto menos você alimentar sua necessidade central, mais "barulhentos" serão seus sintomas do compromisso central.

Se você é alguém que precisa de confiança e, por isso, se sente na obrigação de ficar no controle, quanto menos você acreditar que é apoiado, mais seus mecanismos de enfrentamento negativos vão aparecer. Talvez isso possa acontecer na forma de padrões alimentares alterados, isolamento ou hiperfixação em aparência física. Se você tem um compromisso com a liberdade e, portanto, tem a necessidade de sentir autonomia, quanto menos construir uma vida nos seus próprios termos, mais você vai sabotar oportunidades e se sentir esgotado e exausto quando "deveria" estar feliz.

Quanto mais você se esforçar para realizar suas necessidades centrais, mais seus sintomas de compromisso vão desaparecer.

Ao entender o que uma pessoa realmente quer, você poderá explicar as complexidades dos hábitos e comportamentos dela. Vai poder prever em detalhes o que ela vai fazer em qualquer situação. E, o mais importante: quando começar a se perguntar o que você realmente quer, vai poder parar de lutar contra os sintomas e começar a cuidar da única questão que existiu de verdade na sua vida, que é viver de forma alinhada com suas necessidades centrais e, portanto, com seu objetivo central.

CONFRONTAR EMOÇÕES REPRIMIDAS E AGIR

Há uma diferença entre entender por que você se autossabota e o ato de parar de se autossabotar.

Isso significa que, quando entendemos a raiz e o propósito do comportamento, nós o ajustamos. Nos adaptamos. Superar a autossabotagem não é só uma questão de entender por que nos prejudicamos; é poder agir na direção que queremos e precisamos, mesmo que no começo seja incômodo ou cause gatilhos.

Essa é uma parte muito importante do processo, porque nela confrontamos as mesmas emoções que estávamos tentando evitar.

Quando paramos de ter comportamentos autossabotadores, as emoções reprimidas que nem tínhamos percebido começam a aparecer, e talvez nos sintamos pior do que antes.

A questão de superar a autossabotagem é que, no geral, não precisamos receber ordens do que fazer. Sabemos o que queremos fazer e sabemos o que precisamos fazer, mas nosso medo de sentir nos paralisa. Para começar a quebrar esse padrão emocional que nos imobiliza, podemos trabalhar os seguintes passos para encontrar mais tranquilidade, espaço e liberdade enquanto mudamos a vida.

AS EMOÇÕES MAIS COMUNS QUANDO VOCÊ ESTÁ INTERROMPENDO COMPORTAMENTOS DE AUTOSSABOTAGEM

O primeiro sentimento que você terá que enfrentar é a resistência. É a sensação generalizada de estar "paralisado" ou de seu corpo estar tão tenso que está quase "duro", como se estivesse batendo numa parede. Esse sentimento costuma ser uma emoção que mascara e impede você de estar ciente das sensações por baixo dela, que são mais agudas.

Quando começa a sentir resistência, você não quer simplesmente "forçar passagem por ela". Na verdade, tentar fazer isso significa bater na mesma parede que já está bloqueando o caminho. Você vai fortalecer o comportamento de autossabotagem, pois tentar passar por cima do problema não o resolve.

Em vez disso, comece a fazer as perguntas certas:

Por que me sinto assim?
O que esse sentimento me diz sobre a atitude que estou tentando tomar?
Tem alguma coisa que eu preciso aprender aqui?
O que preciso fazer para honrar minhas necessidades agora?

Em seguida, você precisa se reconectar com sua inspiração ou sua visão para a vida. Saiba *por que* quer tomar essa atitude e fazer uma mudança. Quando sua motivação for o fato de que você quer ter uma existência diferente e melhor, vai descobrir que boa parte da resistência passa, pois você está sendo motivado por uma visão maior do que seu medo.

Em outros casos, você pode se deparar com outras emoções, como raiva, tristeza ou o sentimento de inadequação.

Quando esses sentimentos surgirem, é muito importante abrir espaço para eles. Isso significa permitir que eles cresçam no seu corpo e você possa observá-los. Perceba como eles fazem você ficar tenso ou se contrair. Sinta o que eles querem que você sinta. Não há nada pior do que o medo de sentir a emoção, pois a experiência em si costuma ser apenas uma tensão física em torno da qual nós criamos uma história.

Lembre-se de que muitos desses sentimentos podem muito bem ter raiz em algo relacionado a um comportamento de autossabotagem. Se você sente raiva pela forma como foi tratado por um dos seus pais, não é uma grande surpresa que o sentimento central que motiva a sabotagem de seus relacionamentos seja a raiva e a desconfiança. Sentimentos associados à autossabotagem não costumam ser aleatórios. Na verdade, podem nos levar a percepções mais profundas sobre aquilo de que realmente precisamos e quais problemas dentro de nós permanecem mal resolvidos.

Para liberar de vez esses sentimentos quando estiver ciente deles, tente escrever uma carta para si mesmo. Escreva algo para seu eu mais jovem ou da perspectiva do seu eu futuro. Escreva um mantra ou um manifesto. Lembre a si mesmo que você se ama demais para aceitar menos do que merece, ou que não tem problema sentir raiva em circunstâncias injustas ou frustrantes. Permita-se um espaço para vivenciar a profundidade das suas emoções de forma que elas não controlem seus comportamentos.

DESCONECTE AÇÃO DE SENTIMENTO

A lição final e mais importante para superar a autossabotagem é aprender a desconectar ação de sentimento.

Nós não ficamos estagnados na vida porque somos incapazes de fazer mudanças. Ficamos estagnados porque não *sentimos vontade* de fazer mudanças, e, por isso, não fazemos.

A verdade é que você pode ter uma visão de algo que quer, saber que aquilo é, sem sombra de dúvida, certo para você e simplesmente não ter vontade de fazer a ação necessária para seguir por esse caminho.

O motivo disso é que nossos sentimentos foram programados como sistemas de conforto. Eles produzem uma sensação "boa" quando estamos fazendo o que sempre fizemos — permanecendo no que é familiar. Isso, para o nosso corpo, é registrado como "segurança". Em outros casos, as realizações ou mudanças que nos deixam muito felizes são as que também percebemos como uma medida maior de segurança. Se a realização nos coloca em um risco potencial ou nos expõe a algo não familiar, não vamos ficar felizes de imediato, mesmo que no futuro ela seja positiva para nossas vidas.

Entretanto, podemos nos treinar para preferir comportamentos que são bons para nós. É assim que reestruturamos nossas zonas de conforto. Começamos a desejar o que fazemos repetidamente, mas, nas primeiras vezes que fazemos, é comum sentir incômodo. O truque é superar essa hesitação inicial para podermos guiar nossas vidas com lógica e razão, não com emoção.

Embora suas emoções sejam sempre válidas e precisem ser validadas, raramente são uma medida precisa do que você é capaz na vida. Nem sempre são um reflexo preciso da realidade. Seus sentimentos só sabem o que você fez no passado, e eles se apegam àquilo que lhe proporcionou conforto.

Você pode se sentir inútil, mas com certeza não é. Você pode se sentir sem esperanças, mas ela existe. Você pode sentir que ninguém gosta de você, mas isso deve ser um exagero enorme. Você pode achar que todos o estão julgando, mas essa é uma percepção errônea.

O mais importante: você pode sentir que *não consegue* agir, mas certamente consegue. Você só não sente *vontade* porque não está acostumado a isso.

Ao usar a lógica e a visão para nos guiarmos, conseguimos identificar uma experiência de vida diferente e melhor. Quando imaginamos isso, nos sentimos em paz e inspirados. Para alcançarmos essa versão da nossa vida, precisamos superar nossa resistência e nosso desconforto. Não vamos nos sentir felizes *no começo*, por mais "certas" que essas ações sejam para nós.

É essencial que você aprenda a agir antes de ter vontade de fazer isso. Agir gera impulso e cria motivação. Esses sentimentos não vão surgir de forma espontânea; você precisa criá-los. Você tem que se inspirar, se mexer. Você só precisa começar, permitindo que sua vida e sua energia se reorientem, de forma que você prefira os comportamentos que vão levar sua vida para a frente, não os que estão deixando você estagnado.

CAPÍTULO 3

SEUS GATILHOS SÃO OS GUIAS PARA A SUA LIBERDADE

AGORA QUE VOCÊ COMEÇOU a identificar seus comportamentos de autossabotagem, pode usá-los para descobrir verdades mais profundas e importantes sobre quem você é e o que realmente quer e precisa em sua vida.

Essa é uma parte importante do processo, pois superar hábitos autodestrutivos não se trata só de identificá-los e saber por que os mantemos. Também é questão de entender quais são nossas necessidades inerentes, o que de fato desejamos e como podemos usar isso como ponto de virada para começar a construir uma vida que esteja alinhada com quem nós somos e o nosso propósito.

Nossos gatilhos não existem apenas para nos mostrar onde estamos guardando dores não resolvidas. Na verdade, eles nos revelam algo bem mais profundo.

Cada emoção "negativa" vem com uma mensagem que ainda não sabemos interpretar. É assim que um único desafio começa a se tornar uma questão crônica. Sem conseguir honrar e usar a orientação da emoção, desligamos o sentimento, o guardamos no corpo e tentamos evitar tudo que pode trazê-lo de volta. É nessa hora que ficamos sensíveis ao mundo ao nosso redor, porque há muitos sentimentos reprimidos se acumulando.

Por fora, parece que a coisa que deflagra nossa reação emocional é o problema. Não é. A questão é que não sabemos o que fazer com o que sentimos e, portanto, não temos a capacidade de processamento emocional de que precisamos.

Quando conseguimos identificar *por que* algo provoca gatilhos, podemos usar a experiência como catalisador para uma libertação e uma mudança positiva de vida.

COMO INTERPRETAR EMOÇÕES NEGATIVAS

Embora o gatilho de cada um seja único, é útil entender melhor a função de alguns sentimentos que muitas vezes condenamos.

É importante entender melhor algumas das emoções mais fortemente conectadas com comportamentos de autossabotagem. Não é só questão de "superá-las"; é ouvir o que estão tentando nos dizer sobre a nossa experiência.

RAIVA

A raiva é uma emoção bonita e transformadora. É descaracterizada pelo seu lado sombrio, a agressão, e, por isso, tentamos resistir a ela.

É saudável sentir raiva, e ela também pode nos mostrar aspectos importantes de quem somos e das coisas com as quais nos importamos. Por exemplo, a raiva nos mostra onde estão nossos limites. Também nos ajuda a identificar o que achamos injusto.

No fim das contas, a raiva está tentando nos mobilizar, iniciar a ação. A raiva é transformadora e costuma ser o pico a que chegamos antes de mudarmos nossas vidas de verdade. Isso acontece porque a raiva não é para ser projetada em outra pessoa; na verdade, é uma fonte de motivação que nos ajuda a mudar o que precisamos na nossa vida. Quando não a vemos assim, tendemos a enterrá-la, a nunca resolver a verdadeira questão. É nessa hora que a raiva começa a ultrapassar o limite para a agressão — quando descontamos essa energia nas pessoas à nossa volta em vez de usá-la como um ímpeto para mudar nós mesmos.

Em vez de ter medo da raiva, podemos usá-la para nos ajudar a ver nossos limites e nossas prioridades com mais clareza. Também podemos usá-la para nos ajudar a fazer mudanças grandes e fundamentais tanto para nós quanto para o mundo ao redor.

TRISTEZA

A tristeza é uma reação normal e correta à perda de algo que você ama muito.

É uma emoção que costuma surgir depois de uma decepção. Pode ser o fim de um relacionamento, de um emprego ou só de uma ideia geral de como você achava que sua vida seria.

A tristeza só se torna problemática quando não nos permitimos passar pelas fases naturais do luto. A tristeza não é liberada toda de uma vez. Na verdade, muitas vezes vemos que isso acontece em ondas, sendo que algumas delas nos atingem em momentos inesperados.

Nunca devemos sentir vergonha ou achar que é errado chorar, ficar triste ou sentir falta do que não temos mais. Na verdade, chorar nas horas certas é um dos maiores sinais de força mental, pois as pessoas que estão em crise costumam ter dificuldade de liberar os sentimentos e de ficar vulneráveis.

CULPA

A culpa costuma nos afetar mais pelo que *não* fizemos do que pelo que fizemos. Na verdade, as pessoas que têm mais dificuldade com a culpa são aquelas que não são culpadas de nada terrível. Quem comete atos hediondos não sente lá muito remorso. O fato de você se sentir mal por talvez ter feito mal a alguém é um bom sinal por si só.

No entanto, a culpa exige que olhemos profundamente para quais comportamentos, caso haja algum, nos fazem nos sentir mal, assim como o que podemos ter feito que não foi o melhor para nós. Se tivermos tratado outros de forma injusta, temos que ser capazes de admitir, pedir desculpas e corrigir o comportamento. Entretanto, se o sentimento de culpa for mais generalizado e não se relacionar a um incidente específico, precisamos olhar com atenção para quem ou o que nos fez sentir como se estivéssemos "errados" ou incomodando os outros.

A culpa costuma ser uma emoção que carregamos da infância e projetamos nas nossas circunstâncias atuais quando sentimos que somos um fardo para as pessoas ao nosso redor.

CONSTRANGIMENTO

Sentimos constrangimento quando sabemos que não nos comportamos de uma forma que nos dê orgulho.

Outras pessoas nunca poderão nos constranger da forma como nós mesmos fazemos. Quando tem total confiança de que está fazendo o melhor que pode com o que tem no momento, você para de se sentir constrangido o tempo todo. Claro que outras pessoas podem fazer você se sentir mal com comentários e ideias, mas até os piores julgamentos delas podem ser neutralizados quando nos aceitamos e sentimos orgulho de quem somos.

A vergonha é o lado sombrio do constrangimento. Isso acontece quando o sentimento natural de constrangimento se transforma em uma forma de condenarmos completamente a nós mesmos como seres humanos e começarmos a nos ver como indignos e sem valor.

Quando não processamos o sentimento de constrangimento, ele costuma se tornar algo bem mais sombrio.

INVEJA

A inveja é uma emoção-disfarce. Apresenta-se como raiva ou julgamento, mas, na verdade, é tristeza e insatisfação pessoal.

Se você quer saber o que realmente deseja da vida, olhe para as pessoas que inveja. Não, você pode não querer *exatamente* o que elas têm, mas a sensação que está tendo é raiva por elas se permitirem correr atrás daquilo e você não.

Quando usamos nossa inveja para julgar as realizações das outras pessoas, caímos na função sombria dela. Ao percebermos a inveja como um sinal para nos mostrar o que gostaríamos de alcançar, começamos a reconhecer o comportamento de autossabotagem e nos preparamos para nos comprometer com o que realmente desejamos.

Você pode pensar assim: quando vemos alguém que tem algo que nós queremos muito, mas estamos sufocando nossa disposição de ir atrás disso, também sentimos necessidade de condenar a conquista da pessoa para podermos justificar nosso próprio rumo. Em vez disso, podemos olhar para o que de fato gostaríamos de criar.

RESSENTIMENTO

Nós costumamos nos ressentir das pessoas porque elas não cumpriram a expectativa que criamos para elas em nossas mentes.

O ressentimento é, de algumas formas, como um arrependimento projetado. Em vez de tentar nos mostrar o que *nós* devíamos mudar, parece querer nos dizer o que as *outras pessoas* deviam mudar. No entanto, os outros não têm obrigação nenhuma de seguir as ideias que temos deles. Na verdade, nosso único problema é termos uma expectativa nada realista sobre o modo como achamos que alguém deveria ser ou nos amar.

Para enfrentar o ressentimento, é preciso reinventar nossa imagem das pessoas à nossa volta ou daquelas que achamos que nos fizeram mal. As outras pessoas não estão aqui para nos amar de forma perfeita; elas estão aqui para nos ensinar lições sobre como amá-las — e a nós mesmos — melhor.

Quando abandonamos as ideias que fazemos sobre quem essas pessoas deveriam ser, passamos a vê-las como realmente são e a enxergar o papel que elas devem ter na nossa vida. Em vez de nos concentrarmos em como elas devem mudar, podemos nos concentrar no que podemos aprender.

ARREPENDIMENTO

Parecido com a inveja, o arrependimento também é outra forma de mostrarmos a nós mesmos não o que queríamos ter feito no passado, mas o que precisamos criar ao seguir em frente.

A verdade é que a maioria das pessoas se arrepende mais do que *não* fez do que daquilo que fez. Isso não é fortuito. O arrependimento não só tenta nos fazer nos sentir mal por não termos cumprido nossas expectativas, ele tenta nos motivar a vivê-las ao seguir em frente. Tenta nos mostrar o que é imperativo mudar no futuro e o que queremos vivenciar de verdade antes de morrer.

Não viajou quando era jovem? O arrependimento mostra que você deveria fazer isso agora. Não ficou tão bonito quanto queria? O arrependimento mostra que você deveria se esforçar mais. Fez escolhas que não refletiram sua melhor versão? O arrependimento mostra que você deveria fazer outras escolhas agora. Não amou uma pessoa quando teve a oportunidade? O arrependimento mostra que você deveria apreciar as pessoas agora.

MEDO CRÔNICO

Quando voltamos repetidamente a pensamentos de medo, nem sempre é por haver uma ameaça real na nossa frente. Muitas vezes, é porque nossos sistemas internos de resposta estão subdesenvolvidos ou eclipsados por um trauma.

Quando nosso estado de pensamento é de medo, não importa o que tememos; o processo de pensamento nos segue de problema em problema. Muitas vezes, há uma metáfora codificada nele. Por exemplo, podemos ter medo de uma grande "perda de controle" ou de alguma força externa aparecer e desfazer nosso progresso.

Independentemente de qualquer coisa, o pensamento crônico de medo costuma se resumir a sentir necessidade de concentrar nossa energia e atenção em uma possível ameaça, para, então, podermos nos proteger dela. Nós imaginamos que, se estivermos preocupados, ansiosos ou com raiva, a ameaça vai ficar no nosso campo de percepção e, portanto, não vai poder nos surpreender. Poderemos, assim, ter um certo controle sobre ela.

O mero ato de manter esses pensamentos de medo na nossa mente é como o medo nos controla. Está descarrilhando nossa vida *agora mesmo*, porque estamos canalizando nossa energia para algo que está fora do nosso controle em vez de usá-la para tudo que está dentro do nosso controle — os hábitos, as ações e os comportamentos que fariam nossa vida avançar.

Nesse sentido, o que tememos é, na verdade, uma projeção do que já está acontecendo.

A única forma real de superar o medo crônico é *passar por ele*. Em vez de tentar lutar, resistir e evitar o que não controlamos, podemos aprender a simplesmente dar de ombros e dizer: *se acontecer, aconteceu*. Assim que conseguimos dar de ombros, rir ou apenas levantar as mãos e dizer "Não importa, vai ficar tudo bem", nós tomamos nosso poder de volta na mesma hora.

O que alimenta o medo é a ideia de que, se aceitarmos o que tememos, estaremos cedendo ao pior resultado possível. A verdade é que, quando paramos de ter medo do que não podemos controlar e sabemos que *nada* pode estragar nossas vidas mais do que *nós* estragamos com nosso pensamento negativo, distraído e irracional, nos libertamos completamente.

Quando estamos em aceitação total, o medo deixa nossa consciência e passa a não ser mais uma questão. É nesse ponto que nos damos conta de que ele nunca foi uma questão.

NOSSOS SISTEMAS INTERNOS DE ORIENTAÇÃO SUSSURRAM ATÉ COMEÇAREM A GRITAR

As coisas que mais o incomodam agora não são forças externas tentando torturá-lo só por prazer — são o que sua própria mente identifica como o que pode ser consertado, modificado e transformado na sua vida. Se você continuar paralisado, a sirene só vai ficar mais alta e, se você nunca aprender a ouvi-la, provavelmente vai apenas se dissociar dela até se tornar sua vítima.

Você já tem as respostas. Já sabe o que veio fazer aqui. Você veio criar tudo que o faria mais feliz do que pode imaginar. É só uma questão de silenciar sua mente o suficiente para poder sentir todo o potencial ilimitado que está suplicando para ser usado.

Não existe autossabotagem, pois os comportamentos que você acha que o reprimem estão sintonizados com suas necessidades. Não é uma questão de tentar se forçar além delas; é uma questão de vê-las pelo que são e encontrar formas melhores e mais saudáveis de preenchê-las.

Apesar de vivermos em uma época em que as pessoas costumam nos dizer que devemos ser autossuficientes e que querer ou precisar da presença, validação ou companhia de alguém é sinal de dependência, isso não é um retrato exato do que significa ser humano. Isso é ignorar muito a realidade da natureza e conexão humanas.

Embora muitas pessoas sejam codependentes e se apoiem demais nos outros para terem uma sensação de segurança e de si próprias, seguir diametralmente na direção oposta — acreditar que não precisa de nada ou ninguém e que pode fazer tudo sozinho — também não é saudável. São duas manifestações das mesmas feridas: a desconfiança e a incapacidade de se conectar.

Sua necessidade de se sentir validado é válida.

Sua necessidade de ter a companhia de outra pessoa é válida.

Sua necessidade de se sentir desejado é válida.

Sua necessidade de se sentir seguro é válida.

Muitas vezes, o motivo primário de começarmos a negligenciar nossas necessidades essenciais é acharmos que somos fracos por tê-las. Nós só acreditamos nisso porque, quando éramos mais jovens, dependíamos quase inteiramente dos outros para termos nossas necessidades essenciais satisfeitas. E isso acabava nos deixando na mão, porque outra pessoa não pode nos preencher por completo, nem é responsável por isso. Conforme crescemos, aprendemos autossuficiência. Na verdade, contar consigo mesmo para os alicerces das nossas necessidades básicas é uma parte importante do desenvolvimento humano.

Da mesma forma, também é importante reconhecermos que não podemos realizar sozinhos *cada uma* das nossas necessidades.

Os seres humanos foram feitos para se conectarem com os outros e com um grupo. É por isso que existimos em subconjuntos, como comunidades e famílias, e geralmente nos sentimos mais felizes e mais realizados quando servimos a um bem maior. É uma parte fundamental e saudável de quem somos, não um sinal de fraqueza.

Em outros casos, sua necessidade de se sentir financeiramente seguro é saudável; não é sempre resultado de ganância ou intenções ruins. Sua necessidade de ser validado pelo trabalho que faz é saudável e nem sempre resulta de vaidade. Sua necessidade de viver em um espaço e em uma área na qual você gosta de estar é saudável, e nem sempre é resultado de ingratidão pelo que tem.

SUA MENTE SUBCONSCIENTE ESTÁ TENTANDO SE COMUNICAR COM VOCÊ

Há uma sabedoria incrível nos nossos comportamentos de autossabotagem. Eles não só podem nos dizer como e o que nos traumatizou, mas também podem nos mostrar do que realmente precisamos. Se conseguirmos entender cada comportamento de autossabotagem, encontraremos a chave para destrancá-lo.

Estes são alguns breves exemplos de como sua mente subconsciente pode estar tentando se comunicar com você através dos seus comportamentos.

FORMA DE AUTOSSABOTAGEM: Voltar para a pessoa que fez mal a você em um relacionamento. Pode ser um amigo platônico, mas é mais comum que seja um antigo par romântico.

O QUE SUA MENTE SUBCONSCIENTE PODE QUERER QUE VOCÊ SAIBA: Talvez seja hora de avaliar seus relacionamentos da infância. Quando você considera algo reconfortante ou atraente em alguém que faz mal a você, costuma haver um motivo para isso.

FORMA DE AUTOSSABOTAGEM: Atrair pessoas que estão feridas demais para assumirem um compromisso verdadeiro.

O QUE SUA MENTE SUBCONSCIENTE PODE QUERER QUE VOCÊ SAIBA: Você não está ferido demais para encontrar alguém que de fato o queira e, quando começar a se dar conta de que é digno de compromisso, vai começar a escolher parceiros que fazem exatamente isso.

FORMA DE AUTOSSABOTAGEM: Sentir-se infeliz, mesmo que não haja nada de errado e que você tenha tudo que sempre desejou na vida.

O QUE SUA MENTE SUBCONSCIENTE PODE QUERER QUE VOCÊ SAIBA: Você deve estar esperando que coisas externas façam você se sentir bem em vez de tentar mudar a forma como pensa e no que se concentra. Nenhuma realização externa vai lhe dar uma sensação verdadeira e duradoura de paz interior, e seu desconforto, apesar de suas realizações, está chamando sua atenção para isso.

FORMA DE AUTOSSABOTAGEM: Afastar as pessoas.

O QUE SUA MENTE SUBCONSCIENTE PODE QUERER QUE VOCÊ SAIBA: Você quer tanto que as pessoas amem e aceitem você que o estresse de tudo faz com que se isole da dor, criando a realidade que você tenta evitar. Como alternativa, precisar de solidão geralmente significa que há uma discrepância entre quem você finge ser e quem realmente é. Ao se mostrar na vida de forma mais autêntica, fica mais fácil ter pessoas ao redor, pois exige menos esforço.

FORMA DE AUTOSSABOTAGEM: Acreditar automaticamente que o que você pensa e sente é verdade.

O QUE SUA MENTE SUBCONSCIENTE PODE QUERER QUE VOCÊ SAIBA: Você quer se preocupar porque a sensação é confortável e, portanto, segura. Quanto mais você confia cegamente em todo pensamento ou sentimento aleatório que surge, mais vai estar à mercê do que está acontecendo ao seu redor. Você precisa aprender a se agarrar à clareza, à verdade e à realidade, discernindo entre o que é útil e o que não é.

FORMA DE AUTOSSABOTAGEM: Comer mal quando você não quer fazer isso.

O QUE SUA MENTE SUBCONSCIENTE PODE QUERER QUE VOCÊ SAIBA: Você está fazendo coisas demais ou não está dando descanso e alimento suficiente para si mesmo. Está sendo radical demais. É por isso que seu corpo exige que você continue a abastecê-lo. Outra alternativa pode ser que você esteja emocionalmente faminto e, como não está proporcionando a si as experiências verdadeiras que deseja, satisfaz sua "fome" de outra forma.

FORMA DE AUTOSSABOTAGEM: Não fazer o trabalho que você sabe que ajudaria a alavancar sua carreira.

O QUE SUA MENTE SUBCONSCIENTE PODE QUERER QUE VOCÊ SAIBA: Você pode não saber de forma tão nítida quanto pensa sobre o que quer fazer. Se as coisas não estiverem fluindo, há um motivo. Em vez de tentar forçar e continuar batendo na mesma tecla sem parar, dê um passo para trás. Talvez seja hora de reagrupar, refazer estratégias ou pensar seriamente em por que você está tentando dar esses passos. Algo precisa mudar, e não deve ser só sua motivação.

FORMA DE AUTOSSABOTAGEM: Excesso de trabalho.

O QUE SUA MENTE SUBCONSCIENTE PODE QUERER QUE VOCÊ SAIBA: Você não precisa provar seu valor. Mas precisa parar de fugir do desconforto de estar sozinho com seus sentimentos, já que esse costuma ser o motivo para as pessoas trabalharem demais. Há uma diferença entre ter um comprometimento apaixonado com algo e se sentir obrigado a ter um desempenho melhor do que todo mundo. Uma coisa é saudável; a outra, não.

FORMA DE AUTOSSABOTAGEM: Importar-se demais com o que as outras pessoas pensam.

O QUE SUA MENTE SUBCONSCIENTE PODE QUERER QUE VOCÊ SAIBA: Você não é tão feliz quanto pensa. Quanto mais feliz você fica com algo, menos precisa que as outras pessoas aprovem. Em vez de se perguntar se os outros vão achá-lo bom o suficiente, pare e se pergunte: *Minha vida é boa o suficiente* *para mim?* O que você realmente sente em relação à sua vida quando não está olhando para ela pelos olhos dos outros?

FORMA DE AUTOSSABOTAGEM: Gastar dinheiro demais.

O QUE SUA MENTE SUBCONSCIENTE PODE QUERER QUE VOCÊ SAIBA: Coisas não vão fazer você se sentir mais seguro. Você não vai poder comprar uma vida ou uma identidade nova. Se você está gastando demais ou extrapolando com frequência, a ponto de prejudicar sua vida, é preciso olhar qual é a função das compras para você. É uma distração, é algo que substitui um hobby, é um vício no sentimento de "renovação"? Determine quais são suas reais necessidades e use isso como um reinício.

FORMA DE AUTOSSABOTAGEM: Não superar relacionamentos passados ou ficar sempre verificando como estão os ex.

O QUE SUA MENTE SUBCONSCIENTE PODE QUERER QUE VOCÊ SAIBA: Esse relacionamento afetou você mais do que está se permitindo acreditar. O fim o magoou mais do que você admitiu, e agora é necessário absorver isso. Seu interesse contínuo por essa pessoa significa que tem algo no relacionamento que ainda não foi resolvido e deve ser algum tipo de desfecho ou aceitação que você precisa descobrir sozinho.

FORMA DE AUTOSSABOTAGEM: Escolher amigos que sempre o fazem sentir como se estivesse em uma competição.

O QUE SUA MENTE SUBCONSCIENTE PODE QUERER QUE VOCÊ SAIBA: Querer se sentir "melhor" do que os outros não substitui se sentir conectado a eles, mas é assim que agimos com frequência. Não fazemos isso por querermos ser superiores, mas por desejarmos parecer valiosos e valorizados. O que almejamos é uma conexão autêntica, o sentimento de que somos importantes para os outros, mas não conseguimos isso fazendo-os se sentirem inferiores.

FORMA DE AUTOSSABOTAGEM: Ter pensamentos derrotistas que o impedem de fazer o que você quer.

O QUE SUA MENTE SUBCONSCIENTE PODE QUERER QUE VOCÊ SAIBA: Ser antes de tudo cruel consigo mesmo não vai fazer doer menos do que se outras pessoas julgarem ou rejeitarem você, embora seja esse o motivo de você usar esse mecanismo de defesa. Pensar o pior de si é uma forma de tentar se abstrair do que você realmente teme: que outra pessoa diga essas mesmas coisas sobre você. O que você não percebe é que está sendo seu próprio inimigo e fazendo bullying consigo mesmo. O que o julgamento de outra pessoa pode fazer com a sua vida? Isso pode impedir que você siga seus sonhos, suas ambições e sua felicidade. E é exatamente isso que você faz quando fica fixado nessas ideias prejudiciais. Está na hora de parar de se atrapalhar.

FORMA DE AUTOSSABOTAGEM: Não promover seu trabalho de uma forma que ajude você a progredir.

O QUE SUA MENTE SUBCONSCIENTE PODE QUERER QUE VOCÊ SAIBA: Você não está criando o melhor trabalho possível e sente isso. O motivo pelo qual está se refreando é o medo do julgamento, mas isso não existiria se você já não estivesse se julgando. Você precisa criar coisas que sinta orgulho de compartilhar, e, quando as compartilhar de uma forma positiva, que ajude seu negócio ou sua carreira a crescer for algo natural e autêntico, você vai saber que está trabalhando no auge da sua capacidade ou potencial.

FORMA DE AUTOSSABOTAGEM: Atribuir intenção ou achar que as coisas são relacionadas a você quando não são.

O QUE SUA MENTE SUBCONSCIENTE PODE QUERER QUE VOCÊ SAIBA: Você pensa em si mesmo com frequência demais. A vida das outras pessoas não gira em torno de você, nem os pensamentos alheios. Elas estão ocupadas pensando nelas mesmas, assim como você está pensando em si. Lembre-se de que os padrões na sua vida são indicativos dos seus próprios comportamentos, mas, se imaginar que cada vez que alguém dá uma fechada em você no trânsito é um ataque pessoal, você vai acabar se reprimindo de forma severa, porque sempre vai ser vítima de alguma coisa.

FORMA DE AUTOSSABOTAGEM: Viver em uma cidade que você declara não gostar.

O QUE SUA MENTE SUBCONSCIENTE PODE QUERER QUE VOCÊ SAIBA: O lar é você quem cria, você não o encontra. A questão é não poder se mudar ou não estar disposto a fazer isso? Normalmente, quando ficamos no mesmo lugar, há um motivo. Tem algo que amamos lá e é onde queremos passar a vida. A resistência surge por causa do julgamento que imaginamos que os outros podem fazer se souberem que não moramos na área mais legal, mais ampla ou mais nobre. Você também pode sentir medo de as pessoas julgarem você por não ter "progredido" o suficiente. A verdade é que *você* está se julgando e precisa fazer as pazes ou ter orgulho do motivo por ter escolhido morar onde mora.

FORMA DE AUTOSSABOTAGEM: Ficar olhando distraidamente as redes sociais para passar o tempo.

O QUE SUA MENTE SUBCONSCIENTE PODE QUERER QUE VOCÊ SAIBA: Essa é uma das formas mais fáceis de se entorpecer, porque é um meio muito acessível e viciante. Há uma diferença gigantesca entre usar as redes sociais de forma saudável e como um mecanismo de enfrentamento. Em geral, tem a ver com o que você sente depois que termina. Se você não deixa o celular de lado se sentindo inspirado ou relaxado, provavelmente está tentando evitar algum tipo de incômodo dentro de si — o mesmo incômodo que talvez esteja dizendo que você precisa mudar.

APRENDER A OUVIR DE NOVO

Agora que você está começando a prestar atenção às suas dicas internas, é essencial entender como se ouvir e responder em tempo real.

Você está na situação em que se encontra agora porque não sabia como compreender ou saciar suas necessidades até agora. Se não quiser ficar "consertando" constantemente suas escolhas e seus comportamentos, precisa aprender a processar e interpretar seus sentimentos em tempo real. Isso vai ser feito por um processo de construção da inteligência emocional, do qual falaremos no próximo capítulo. No entanto, é aqui que começamos: ao entender como ouvir nossos instintos.

COMO SEGUIR SUA "INTUIÇÃO" SEM TER MEDO DO FUTURO

Um dos princípios mais essenciais da sabedoria moderna é a ideia de que, lá no fundo, você sabe a verdade sobre tudo na sua vida e, por extensão, no seu futuro. A ideia é que você é um oráculo de si mesmo, e seus sentimentos são aberturas não só para o que está acontecendo agora, mas também para o que acontecerá em breve.

Não somos culpados por acreditar nisso. Há uma quantidade significativa de pesquisas que provam a interconexão do nosso cérebro e do nosso corpo — o que explica por que, quando temos "intuições" ou instintos que precedem a lógica, muitas vezes eles estão corretos.

O motivo disso é que o revestimento do nosso sistema gastrointestinal funciona como um "segundo cérebro", considerando a maneira como ele guarda informações de que sua mente consciente não consegue se lembrar mais rápido do que seu corpo consegue sentir. É essa capacidade incrível que torna seus instintos quase sempre certos.

Sua intuição — ainda que inteligente — não é paranormal.

Se você quiser se sintonizar mais consigo mesmo, seguir seu coração, ir atrás da sua paixão, encontrar sua alma — o que quer que seja —, a primeira coisa que precisa entender é que sua "intuição" só pode reagir ao que acontece no presente. Ter um "instinto" sobre um evento futuro é uma projeção.

É assim que você pode começar a desmembrar sua "intuição". Você está reagindo a alguém que está na sua frente ou está reagindo à sua ideia dessa pessoa na sua cabeça? Está reagindo a uma situação que está se desenvolvendo agora ou está reagindo a uma que você imagina, supondo que saiba como vai se desenrolar? Seus sentimentos dizem respeito ao que está acontecendo agora ou ao que você espera e teme que acontecerá no futuro?

Além de só conseguir funcionar de verdade no presente, sua intuição também é silenciosa. A "vozinha" dentro de você é apenas isso... uma vozinha.

Ela não grita. Não entra em pânico. Não enche seu corpo de adrenalina para chamar sua atenção. Não sente raiva. É a onda de clareza que toma conta de você nos momentos mais sombrios, em que algo diz: *Vai ficar tudo bem; não é tão ruim quanto você pensa, vai ficar tudo bem.*

Sua intuição funciona para tornar as coisas melhores, enquanto sua imaginação muitas vezes pode tornar tudo pior.

Mas isso costuma ser confuso para as pessoas, porque quais sentimentos são instintos e quais são medos, dúvidas ou crenças limitantes? Como saber a diferença?

Bom, seus instintos não são exatamente sentimentos; são reações.

Se você perceber que fica esgotado depois de passar tempo com alguém ou sente que não quer ver a pessoa de novo, é seu instinto. Se seu trabalho o deixa exausto e cada tarefa é forçada e indesejável, é seu instinto. O instinto não é um sentimento (ninguém tem um "instinto" de estar triste hoje); instinto é sair depressa do caminho do perigo sem precisar pensar sobre o assunto.

Você precisa se lembrar de que seus sentimentos, embora válidos, muitas vezes não são reais. Não são sempre reflexos precisos da realidade. Mas são sempre reflexos precisos dos nossos pensamentos. Nossos pensamentos mudam nossos sentimentos, mas não mudam nossos instintos. Quando você gravita naturalmente para perto ou para longe de alguma coisa, é seu instinto. Não é algo que você sinta ou interprete; é algo que faz com naturalidade.

Quando as pessoas falam sobre usar seus instintos para criar uma vida que amam, o que elas querem dizer é o seguinte: que estão seguindo o que a intuição sutil mostra que se sentem melhores fazendo. Às vezes, seu instinto pode levá-lo na direção da sua arte, mesmo que faça você se sentir incomodado e relutante. Às vezes, seu instinto pode fazê-lo continuar investindo em um relacionamento, mesmo quando é difícil.

Seu instinto não existe para garantir que você fique à vontade e feliz todas as horas do dia. Ele o direciona para aquilo que você deve fazer, porque mostra onde seus interesses, suas habilidades e seus desejos convergem.

INSTINTO E MEDO PODEM SER PARECIDOS

Confiar na sua intuição não significa tratá-la como um oráculo.

É isso que torna o conceito tão problemático. Não é só acreditar em sentimentos aleatórios *cegamente*, mas dar significado profético a eles, supondo que tudo que sentimos está nos dando um aviso ou mostrando o que virá pela frente.

Vamos avaliar por que e como isso acontece e como você pode impedir que isso arruíne sua vida.

Sentimentos não informam ninguém sobre a decisão certa a tomar.

Decisões certas criam os sentimentos certos.

Seus sentimentos não devem guiá-lo pela vida; isso é função da sua mente.

Se fosse seguir cada impulso seu, você ficaria totalmente preso, seria complacente e poderia morrer ou, no mínimo, ter problemas sérios. Isso não acontece porque seu cérebro consegue intervir e dar instruções sobre como fazer escolhas que reflitam o que você quer vivenciar no longo prazo.

Você começa a ter sentimentos de paz e alegria na vida quando se condiciona a ter ações diárias que facilitam os sentimentos de clareza, calma, saúde e determinação, não o contrário.

Se quer dominar sua vida, você precisa aprender a organizar seus sentimentos. Ao se tornar consciente deles, você pode rastreá-los pelo processo mental que os gerou, e a partir daí pode decidir se a ideia é uma ameaça ou preocupação real ou invenção da sua mente reptiliana que está tentando mantê-lo vivo.

Lembre-se: seu cérebro foi construído para a natureza. Seu corpo foi criado para sobreviver em um habitat natural. Você tem uma forma animalística tentando sobreviver em um mundo altamente civilizado e moderno. Perdoe-se por ter esses impulsos e, ao mesmo tempo, entenda que suas escolhas são suas, no fim das contas. Você pode sentir uma coisa, mas não fazer nada em relação a isso.

ENTÃO POR QUE NOS DIZEM PARA "OUVIR NOSSOS INSTINTOS"?

Sua intuição está profundamente conectada à sua mente. Há uma conexão fisiológica entre seu sistema gastrointestinal e a produção de serotonina em seu cérebro. Seu nervo vago vai da barriga até a cabeça e age como dispositivo de comunicação para ajudar seu organismo a se regular.[6]

Seu estômago e sua mente estão inerentemente conectados, e é por isso que as pessoas dizem saber de alguma coisa "lá no fundo" ou dizem que, quando estão aborrecidas, ficam "com o estômago embrulhado" ou tiveram "uma reação visceral" a alguma coisa.

O que ninguém fala é o fato de que ouvir seu instinto é algo que acontece no presente. Não se pode ter um instinto a respeito de um evento futuro, porque ele ainda não existe. É possível ter uma reação baseada no medo ou numa memória que você projeta para o futuro, mas não dá para saber instintivamente algo sobre outra pessoa ou evento futuro até eles estarem na sua frente.

Só dá para ter uma "intuição" sobre alguém depois de interagir com a pessoa. Só dá para saber se um emprego é certo ou não para você depois de ter trabalhado nele por um tempo.

O problema é que estamos tentando usar nossos instintos como mecanismos para prever o futuro. Nosso cérebro encontrou essa maneira criativa de tentar manipular nosso corpo para nos ajudar a evitar dor e aumentar o prazer com o futuro. Mas não é isso que acontece. Nós acabamos estagnados porque estamos confiando em cada mínimo sentimento em vez de discernir o que é uma reação de verdade e o que é projeção.

IDENTIFIQUE A DIFERENÇA ENTRE INSTINTO E MEDO

Antes de tudo, entenda que o seu instinto pode ajudá-lo imensamente no momento presente. Muitas vezes, sua primeira reação a algo é a mais sábia, pois seu corpo está usando todas as informações subconscientes que você captou para adverti-lo antes que seu cérebro tenha a oportunidade de questionar.

Você pode usar isso a seu favor ao permanecer no momento presente e se perguntar o que é verdade aqui e agora. O que é verdadeiro quando você está com outra pessoa, cumprindo outra atividade, ou muda o comportamento? Qual é o seu instinto profundo e visceral quando está envolvido em algo com toda a sua presença?

Na ação, o sentimento é diferente do que você pensa e sente quando está apenas imaginando, fazendo suposições, lembrando detalhes ou imaginando como seria? Em geral, essas projeções são medo, e sua reação atual é seu instinto.

Seu instinto nunca vai assustar você até o pânico. Seu instinto é sempre sutil e gentil, mesmo que esteja dizendo que algo não é para você. Se o seu instinto quiser que você saiba que não deve ver alguém ou parar de se envolver em um relacionamento ou comportamento, o impulso será silencioso. É por isso que o chamamos de "voz interior". Tão fácil de perder. Tão fácil de dispensar.

TOQUES INTUITIVOS
X PENSAMENTOS INTRUSIVOS

Quando você começar a se ouvir, talvez seja difícil perceber a diferença entre pensamentos úteis e intuitivos e pensamentos danosos e intrusivos. Ambos funcionam de forma similar — são imediatos, reativos e oferecem uma espécie de percepção inédita —, mas também funcionam de forma completamente diferente na prática.

É assim que começamos a perceber a diferença entre pensamentos gerados pela intuição e pensamentos gerados pelo medo:

- Pensamentos intuitivos são calmos. Pensamentos intrusivos são caóticos e induzidos pelo medo.
- Pensamentos intuitivos são racionais: fazem certo sentido. Pensamentos intrusivos são irracionais e costumam ser gerados pelo exagero de uma situação ou por tirarmos a pior conclusão possível.
- Pensamentos intuitivos ajudam no presente. Dão informações de que você precisa para tomar decisões informadas. Pensamentos intrusivos costumam ser aleatórios e não têm nada a ver com o que está acontecendo no momento.
- Pensamentos intuitivos são "tranquilos"; pensamentos intrusivos são "barulhentos", o que torna um mais difícil de ouvir do que o outro.
- Pensamentos intuitivos costumam vir uma vez, talvez duas, e induzem um sentimento de compreensão; pensamentos intrusivos costumam ser persistentes e induzem uma sensação de pânico.
- Pensamentos intuitivos costumam parecer amorosos, e os invasivos parecem assustados.
- Pensamentos intuitivos costumam surgir do nada; pensamentos invasivos costumam ser deflagrados por estímulos externos.
- Pensamentos intuitivos não são difíceis de lidar — você os tem e os deixa para lá. Pensamentos invasivos provocam uma espiral de ideias e medos, tornando impossível parar de pensar neles.

- Mesmo quando um pensamento intuitivo não diz algo de que você gosta, ele nunca faz com que você sinta pânico. Mesmo que você sinta tristeza ou decepção, a sensação não é de uma ansiedade sufocante. O pânico é a emoção que você sente quando não sabe o que fazer com um sentimento. É o que acontece quando você tem um pensamento invasivo.
- Pensamentos intuitivos abrem sua mente para outras possibilidades; pensamentos invasivos fecham seu coração e fazem você se sentir estagnado ou culpado.
- Pensamentos intuitivos vêm da perspectiva da sua melhor versão de você; pensamentos invasivos vêm da perspectiva da sua versão mais temerosa e diminuta.
- Pensamentos intuitivos resolvem problemas; os invasivos os criam.
- Pensamentos intuitivos ajudam você a ajudar os outros; pensamentos invasivos costumam criar uma mentalidade de "eu contra eles".
- Pensamentos intuitivos ajudam você a entender o que está pensando e sentindo; pensamentos invasivos supõem o que as outras pessoas estão pensando e sentindo.
- Pensamentos intuitivos são racionais; pensamentos invasivos são irracionais.
- Pensamentos intuitivos vêm de um lugar mais profundo dentro de você e ressoam nas suas entranhas; pensamentos invasivos deixam você preso na sua cabeça e dão uma sensação de pânico.
- Pensamentos intuitivos mostram como reagir; pensamentos invasivos exigem que você reaja.

COMO COMEÇAR A ATENDER ÀS SUAS NECESSIDADES

Embora "autocuidado" tenha se tornado um termo guarda-chuva que costuma se referir a comportamentos que distraem do problema atual em vez de agirem para resolvê-lo, o verdadeiro autocuidado é o aspecto mais fundamental de atender às suas necessidades.

Com a exceção de sua segurança básica, suas necessidades são se alimentar, dormir bem, viver em um ambiente limpo, vestir-se de forma adequada e se permitir sentir o que sente sem julgamento e sem supressão.

Encontrar formas de atender a essas necessidades sozinho é a base para superar a autossabotagem.

Você vai sentir bem mais disposição de se exercitar se tiver uma boa noite de sono. Vai se sentir bem melhor em relação ao trabalho se não tiver que ficar sentado lá com uma dor nas costas contínua e encontrar um profissional que possa ajudar com sua postura, cuidados quiropráticos ou massagem. Vai gostar de ficar em casa se for um ambiente organizado e significativo para você. Vai se sentir melhor em relação a si mesmo todos os dias se tiver tempo de se cuidar.

Essas coisas não são pequenas; são grandes. Você só não consegue ver porque o impacto delas só aparece quando você as faz todos os dias.

Entender suas necessidades, atender às que são responsabilidade sua e se permitir estar presente para que os outros possam resolver as que você não consegue sozinho vão ajudar a quebrar o ciclo de autossabotagem e a construir uma vida mais saudável, mais equilibrada e mais satisfatória.

CAPÍTULO 4

CONSTRUINDO INTELIGÊNCIA EMOCIONAL

A AUTOSSABOTAGEM É, EM última análise, apenas um produto de baixa inteligência emocional.

Para seguir com a vida de forma saudável, produtiva e estável, precisamos entender como nosso cérebro e corpo trabalham juntos. Precisamos entender como interpretar sentimentos, o que diferentes emoções significam e o que fazer quando enfrentamos sentimentos intensos e assustadores com os quais não sabemos lidar.

Vamos nos concentrar especificamente em aspectos de inteligência emocional relacionados a comportamentos de autossabotagem, embora haja um *corpus* incrível sobre inteligência emocional sendo desenvolvido por especialistas do mundo todo.

O QUE É INTELIGÊNCIA EMOCIONAL?

Inteligência emocional é a capacidade de entender, interpretar e reagir às suas emoções de uma forma lúcida e saudável.

Indivíduos com alta inteligência emocional costumam ser capazes de se dar melhor com tipos diferentes de pessoas, sentir mais contentamento e satisfação na vida diária e dedicar tempo para digerir e expressar seus sentimentos autênticos com regularidade.

Mas o principal é que a inteligência emocional é a capacidade de interpretar as sensações que surgem no seu corpo e entender o que elas estão tentando dizer sobre a sua vida.

A raiz da autossabotagem é a falta de inteligência emocional, porque, sem a capacidade de entender a nós mesmos, é inevitável que fiquemos perdidos. A seguir, mostro alguns dos aspectos mais mal-entendidos do nosso cérebro e do nosso corpo, que nos deixam estagnados.

SEU CÉREBRO FOI FEITO PARA RESISTIR AO QUE VOCÊ REALMENTE QUER

Algo interessante acontece no cérebro humano quando temos o que queremos.

Quando imaginamos objetivos que desejamos alcançar, muitas vezes fazemos isso com a expectativa de que elevem nossa qualidade de vida de forma tangível e de que, quando chegarmos a esse ponto, poderemos "planar".

"Planar" no sentido de deixar acontecer. Relaxar. Deixar as coisas apenas existirem por um tempo.

Não é isso que acontece.

Neurologicamente, quando nós conseguimos algo que desejamos muito, simplesmente começamos a desejar mais. Novas pesquisas sobre a natureza da substância dopamina — que antes se acreditava ser a força que motivava o desejo, a luxúria e a aquisição — provam que esse processo é mais complexo do que se pensava.

Em *Dopamina: A molécula do desejo*, Daniel Z. Lieberman mostra como especialistas que estudaram o hormônio descobriram que, quando um indivíduo era apresentado a algo que desejava muito, a onda de dopamina diminuía depois da aquisição. No fim das contas, a dopamina não é a substância que dá prazer; é a substância que dá o prazer de querer mais.[7]

Sabe aquele grande objetivo pelo qual você está trabalhando? Assim que você chegar lá, vai surgir outra montanha para ser escalada.

Esse é um dos principais motivos por que sabotamos o que realmente queremos. Nós sabemos por instinto que "chegar lá" não vai nos dar a possibilidade de nos abstermos da vida; só vai nos fazer ansiar por mais. Às vezes, não nos sentimos dispostos a encarar esse desafio.

Assim, enquanto estamos no caminho, coquetéis tóxicos de vieses neurológicos começam a se empilhar uns sobre os outros, e passamos a nos ressentir, julgar e até caluniar o objeto do nosso maior desejo. O que acontece quando começamos a correr atrás do que realmente queremos: resistimos a nos empenhar o suficiente para chegar lá porque temos tanto medo de não conseguir que qualquer aproximação com o fracasso nos faz cancelar nossos esforços, nos deixando tensos.

Quando ficamos tanto tempo sem ter o que queremos, criamos associações subconscientes entre ter e "ser ruim", porque julgamos os outros por terem aquilo.

Quando conseguimos, ficamos com tanto medo de perder que o afastamos de nós mesmos para não precisarmos aguentar a dor.

Ficamos tão enraizados no estado mental de "querer" que não conseguimos mudar para um estado de "ter".

Primeiro, quando queremos muito uma coisa, costuma ser porque temos expectativas irreais associadas a esse objeto. Imaginamos que vai mudar nossa vida de maneira formidável, mas, muitas vezes, não é esse o caso.

Quando contamos que algum objetivo ou mudança de vida irá nos "salvar" de forma irrealista, qualquer incidente de fracasso vai nos fazer parar de tentar. Por exemplo: se tivermos certeza absoluta de que um parceiro romântico vai nos ajudar a sair da depressão, ficaremos extremamente sensíveis à rejeição, porque nos sentiremos como se nunca pudéssemos conseguir vencer a depressão.

Claro que a questão óbvia aqui é que namorar é um processo de tentativa e erro. Você precisa fracassar primeiro para ter sucesso.

Portanto, para todo o tempo que passamos não tendo o que queremos — como um relacionamento amoroso —, nosso cérebro precisa justificar e validar nossa postura na vida como forma de autoproteção. É por isso que, inconscientemente, difamamos as pessoas que têm o que queremos. Em vez de nos inspirarmos pelo sucesso delas, duvidamos. Ficamos céticos em relação ao amor, pois temos tanta inveja da felicidade dos outros que supomos que eles devem estar fingindo, ou que isso "não é real", ou que eles vão acabar se separando.

Se nos agarrarmos a essas crenças por tempo suficiente, adivinhe o que vai acontecer quando enfim tivermos o relacionamento que queríamos? Claro que vamos duvidar e supor que também será um fracasso.

É o que acontece quando as pessoas afastam as outras ou abrem mão dos seus grandes sonhos assim que um desafio aparece. Quando temos muito medo de perder uma coisa, nós primeiro a afastamos de nós como forma de autopreservação.

Então, digamos que você lide com as crenças limitantes que estão criando tanta resistência na sua vida e que acabe se permitindo construir e ter o que realmente quer. Em seguida, você vai estar diante do último e mais difícil desafio, que é a mudança de "modo de sobrevivência" para "modo de prosperidade".

Se você passou a maior parte da vida em um estado de "apenas seguir em frente", não vai saber como se adaptar a uma vida em que possa apreciar e relaxar. Você vai resistir, sentir culpa, talvez gastar demais ou ignorar responsabilidades. Você está, na sua cabeça, "equilibrando" os anos de dificuldade com os anos de relaxamento total. Entretanto, não é assim que funciona.

Quando estamos profundamente enredados no sentimento de "querer", fica extremamente difícil se ajustar à experiência de "ter".

Isso ocorre porque qualquer mudança, por mais positiva que seja, é incômoda até acabar se tornando familiar.

É difícil admitir como estamos profundamente inclinados a fazer nossa autovalidação, então acabamos atrapalhando a nós mesmos por puro orgulho. É ainda mais difícil admitir que, muitas vezes, as coisas que invejamos nos outros são fragmentos dos nossos desejos mais profundos, aqueles que não nos permitimos ter.

Sim, seu cérebro está predisposto a querer coisas maiores e mais delas. Porém, ao entender os processos e tendências dele, você pode passar por cima da programação e começar a governar sua própria vida.

SEU CORPO É GOVERNADO POR UM IMPULSO HOMEOSTÁTICO

Seu cérebro foi feito para reforçar e regular sua vida.

Sua mente subconsciente tem algo chamado impulso homeostático, que regula funções como temperatura corporal, batimentos cardíacos e respiração. Brian Tracy explicou assim: "Seu sistema nervoso autônomo [seu impulso homeostático] mantém um equilíbrio entre as centenas de substâncias químicas nas suas bilhões de células, assim, sua máquina física inteira funciona em harmonia na maior parte do tempo."[8]

Mas o que muita gente não sabe é que, assim como seu cérebro é feito para regular sua parte física, ele tenta regular sua parte mental. Sua mente está constantemente filtrando e levando à sua atenção informações e estímulos que afirmam suas crenças preexistentes (isso é conhecido na psicologia como viés de confirmação), assim como apresentam a você pensamentos e impulsos repetidos que imitam e espelham o que você fez no passado.

Sua mente subconsciente é o porteiro da sua zona de conforto.

Também é o reino no qual você pode se habituar a esperar e procurar rotineiramente as ações que construiriam e reforçariam o maior sucesso, felicidade, integralidade ou cura na sua vida.

O que isso nos ensina é que, quando estamos passando por um processo de cura ou mudança na vida, temos que permitir que nossos corpos se reajustem ao novo sentido de normalidade. É por isso que toda mudança, por melhor que seja, vai ser incômoda até acabar se tornando familiar. Também é por isso que podemos ficar presos em hábitos e ciclos autodestrutivos. Apesar de provocarem sensações boas, não significa que sejam bons para nós.

Precisamos usar nossa mente para praticar discernimento. Temos que usar nossa inteligência suprema para decidir aonde queremos ir, quem queremos ser e, depois, temos que permitir que nosso corpo se ajuste com o tempo.

Nós não podemos viver sendo governados pela forma como nos sentimos. Nossas emoções são temporárias e nem sempre refletem a realidade.

NÃO SE MUDA EM MOVIMENTOS REVOLUCIONÁRIOS; A MUDANÇA VEM EM MICROTRANSFORMAÇÕES

Se você está estagnado na vida, deve ser porque está esperando o *big bang*, o momento revolucionário em que todos os seus medos vão se dissolver e você vai ser tomado de clareza. O trabalho que precisa acontecer ocorre sem esforço. Sua transformação pessoal arranca você da complacência, e você acorda para uma existência totalmente nova.

Esse momento nunca vai chegar.

Momentos revolucionários não acontecem de forma espontânea. Eles são pontos de virada.

As revelações ocorrem quando ideias que estavam nas margens da mente acabam ganhando atenção suficiente para dominar seus pensamentos. São os momentos de "clique", quando você enfim entende conselhos que ouviu a vida toda. Você se habituou por tanto tempo a um padrão de comportamento que se tornou instintivo.

Um momento revolucionário singular e surpreendente não é o que vai mudar sua vida. Uma microtransformação fará isso.

Momentos revolucionários acontecem depois de horas, dias e anos do mesmo trabalho mundano e monótono.

Mas um momento revolucionário singular e surpreendente não é o que vai mudar sua vida. Uma microtransformação fará isso.

Como o escritor e estrategista de mídia Ryan Holiday observou, epifanias não alteram vidas.[9] Não são os momentos radicais de ação que nos dão mudanças duradouras e abrangentes — é a restruturação dos nossos hábitos. A ideia é o que o filósofo da ciência Thomas Kuhn chamou de "mudança de paradigma". Kuhn sugeriu que nós não mudamos nossa vida em flashes de genialidade, mas por um processo lento no qual suposições se desenrolam e exigem novas explicações. São nesses períodos de fluxo que as microtransformações acontecem e que a mudança em nível revolucionário começa a ganhar forma.

Pense nas microtransformações como pequenos incrementos de mudança no dia a dia. Uma microtransformação é mudar um elemento de uma refeição uma vez. Depois, fazer isso uma segunda e uma terceira vez. Antes de se dar conta de que está acontecendo, você adotou um padrão de comportamento.

O que você faz todos os dias é responsável pela sua qualidade de vida e grau de sucesso. Não é se você está "a fim" de ter o trabalho, mas se você o faz não importa o que aconteça.

Isso porque os resultados da vida não são governados por paixão; eles são governados por princípios.

Você pode não achar que o que fez hoje de manhã foi importante, mas foi. Pode não achar que as pequenas coisas se somam, mas é o que acontece. Considere o antigo questionamento: você prefere ter 1 milhão de dólares na mão hoje ou um centavo que dobra de valor todos os dias por um mês? O 1 milhão pode parecer ótimo, mas, depois de um mês de 31 dias, aquele centavo valeria mais de 10 milhões.

Fazer mudanças grandes e arrebatadoras não é difícil porque somos seres falhos e incompetentes. É difícil porque nós não fomos feitos para viver fora da nossa zona de conforto.

Se quer mudar de vida, você precisa tomar decisões pequenas e quase imperceptíveis durante todas as horas de todos os dias, até essas mudanças tornarem-se um hábito. Depois disso, você poderá simplesmente continuar a fazê-las.

Se você quer passar menos tempo no celular, negue a si mesmo a chance de olhá-lo uma vez hoje. Se quer levar uma vida mais saudável, beba meio copo de água além do habitual hoje. Se quer você quer dormir mais, vá para a cama dez minutos mais cedo hoje.

Se você quer se exercitar mais, faça isso agora por apenas dez minutos. Se quer ler, leia uma página. Se quer meditar, faça isso por trinta segundos.

Depois, continue fazendo essas coisas. Faça todos os dias. Você vai se acostumar a não ficar olhando o celular. Vai querer mais água e vai beber mais água. Vai correr por dez minutos e não vai sentir que precisa parar, então não vai parar. Você vai ler uma página, se interessar e ler outra.

No nosso nível mais instintivo e fisiológico, "mudar" se traduz em uma coisa perigosa e potencialmente ameaçadora à vida. Não é de se admirar que seja comum construirmos nossas próprias jaulas e ficarmos nelas, mesmo sem nenhum cadeado na porta.

Tentar começar uma nova vida na base do choque não vai funcionar, e é por isso que nunca funcionou.

Você não precisa esperar até sentir vontade de mudar para começar uma mudança. Você só precisa fazer uma microtransformação de cada vez e deixar a energia e o impulso aumentarem.

SUA MENTE É ANTIFRÁGIL

Seu cérebro é o antagonista mais forte da sua vida?

O medo irracional está no centro da maior parte dos seus grandes estressores?

Você costuma ter a sensação de que está quase procurando problemas, criando questões quando elas não existem, reagindo com intensidade desproporcional, pensando demais e sendo catastrófico?

Se você disse "sim" para essas perguntas, parabéns, você está consciente de si.

E você é igual a todo mundo.

Se você sente que está sempre avaliando a sua vida para tentar identificar a próxima coisa com a qual se preocupar, a próxima ameaça potencial a temer, você está certo.

O que mais tememos é o que nossa mente identifica como a ameaça menos provável que não podemos controlar. Se a ameaça é muito provável, nós não tememos — nós reagimos. É por isso que a maior parte de nossas preocupações deriva não só de identificar o que não podemos controlar, mas da pequena e improvável circunstância que não podemos controlar.

Mas por que nossa mente precisa disso?

Nós não podemos simplesmente apreciar o que temos e sentir gratidão?

Até um determinado ponto, sim, claro.

Mas nossa mente também precisa de adversidades, e é por isso que é instintivo continuar criando problemas — mesmo se não houver nenhum problema de verdade na nossa frente.

A mente humana é antifrágil, o que significa que ela melhora na adversidade. Como uma pedra que vira um diamante sob pressão ou um sistema imunológico que se fortalece depois da exposição repetida a germes, a mente exige estímulos frequentes na forma de desafios.

Se você nega e rejeita qualquer tipo de desafio verdadeiro na sua vida, seu cérebro vai compensar criando um problema para superar. Só que, dessa vez, não vai haver recompensa no final. Vai ser só você lutando contra si mesmo pelo resto da vida.

A obsessão cultural de buscar a felicidade e de se proteger de tudo que seja gatilho, e a ideia de que a vida é essencialmente "boa" e qualquer desafio que enfrentamos é um erro do destino, nos enfraquecem mentalmente.

Proteger a mente de qualquer adversidade nos deixa mais vulneráveis à ansiedade, ao pânico e ao caos.

Em geral, quem não consegue evitar criar problemas na mente faz isso porque parou de ter controle criativo sobre a própria existência. Essas pessoas vão para o banco do passageiro e ficam pensando que a vida acontece com elas em vez de ser produto das suas próprias ações.

Quem não teria medo se a vida fosse assim?

Mas o que a maioria das pessoas não diz é que a adversidade nos deixa mais criativos. Ativa uma parte nossa que costuma estar latente. Torna as coisas interessantes. Parte da narrativa humana é querer algo para superar.

O truque é manter o equilíbrio. Escolher sair da zona de conforto e aguentar a dor por uma causa digna.

Concentrar-se nos problemas que são problemas reais do mundo, como a fome, a política ou qualquer outro assunto.

Contudo, mais importante, é nos envolver com o que podemos controlar na vida, que é a maioria das coisas, se pensarmos bem. As coisas antifrágeis precisam de tensão, resistência, adversidade e dor para se romperem e se transformarem. Nós conseguimos isso entrando em comunhão profunda com a vida e sendo parte dela em vez de ter medo das nossas emoções e ficar olhando de escanteio.

Não se pode ficar nessa posição para sempre, e ninguém quer isso. Você foi feito para abraçar as adversidades. Mergulhe de cabeça e comece a viver.

MUDANÇAS CRIAM UM CHOQUE DE AJUSTE

De todas as coisas que ninguém conta sobre a vida, o fato de que talvez você não sinta felicidade logo após uma mudança positiva pode ser a mais confusa.

A verdade sobre a psique é a seguinte: tudo que é novo, mesmo se for bom, vai ser incômodo até se tornar familiar.

Nosso cérebro também funciona no caminho oposto, no sentido de que percebemos como sendo bom e confortável tudo que é familiar, mesmo que esses comportamentos, hábitos ou relacionamentos sejam tóxicos ou destrutivos.

Eventos positivos podem até deflagrar episódios depressivos. Isso acontece por alguns motivos: primeiro, um pico e subsequente declínio de humor ou atitude podem exacerbar o estresse. Segundo, a expectativa de que um evento positivo eliminará todo estresse e gerará felicidade inédita é destrutiva, porque é raro que isso aconteça. É por isso que casamentos, partos ou aquele novo emprego podem ser muito estressantes. Além de serem uma enorme transição na vida, também existe a suposição silenciosa de que essas mudanças deveriam ser algo unicamente positivo e de que a ansiedade e a tensão deveriam ser eliminadas.

Descobrir que as coisas não funcionam assim é perturbador.

De um modo geral, tudo se resume ao simples fato de que qualquer realização, conquista ou renovação na vida, por mais positiva que seja, traz mudanças. Mudanças geram estresse. Isso é particularmente verdade para quem já tem predisposição a ansiedade e depressão, pois o conceito de zona de conforto é essencial para estabilizar o humor. Também é por isso que essas pessoas muitas vezes parecem específicas de um jeito sufocante ou com a cabeça muito fechada.

QUAIS SÃO OS SINAIS DE CHOQUE DE AJUSTE?

O choque de ajuste pode se manifestar como um aumento de ansiedade ou irritabilidade. No entanto, muitas vezes ele é mais complexo do que isso.

Com frequência, o choque de ajuste passa a ideia de hipervigilância. Se você teve ganhos financeiros, sua mente foca na mesma hora para o que poderia atrapalhar seu progresso, como uma conta alta que poderia chegar ou a perda do emprego que acabou de conseguir. Se você entra em um relacionamento novo e feliz, pode ficar paranoico com infidelidade ou mentiras.

O choque de ajuste pode trazer à tona apegos e crenças inconscientes. Se você foi criado para pensar que pessoas ricas são moralmente corruptas, vai resistir a ter mais dinheiro. Se queria ser famoso ou mais amado, vai resistir ao sucesso público porque pessoas "famosas" costumam ser mais criticadas e antagonizadas do que pessoas comuns.

O choque de ajuste pode gerar sentimentos de medo intenso. Isso acontece porque, quando conquistamos algo muito importante para nós ou pelo qual trabalhamos por muito tempo, nosso instinto pode ser o de nos proteger da perda em potencial desse triunfo erguendo muros e nos dessensibilizando para a experiência.

Muitas vezes, nós resistimos mais às coisas que mais queremos.

Isso acontece por causa do choque de ajuste, embora nem sempre saibamos que é isso que está causando a resistência.

É assustador receber tudo que queremos, porque isso nos obriga a sair da mentalidade de sobrevivência com base no medo e entrar em uma mais estável. Se só estivermos acostumados a fazer o necessário para sobreviver, acabamos sendo confrontados pelas fases seguintes da nossa autoatualização.

Se não estivermos mais preocupados com sobrevivência básica, nossa mente fica livre para se voltar para as principais perguntas da vida: Qual é meu propósito? Eu vivo de forma significativa? Sou quem quero ser?

Muitas vezes, pensamos em grandes realizações como um passe "facilitador da vida". Mas elas raramente são isso. Na verdade, o oposto tende a acontecer. Elas nos fazem subir de nível, nos forçam a enfrentar responsabilidades maiores, a pensar mais profundamente em questões importantes, a nos questionar e a questionar aquilo que conhecíamos como verdade.

Grandes realizações nos pressionam para nos tornarmos versões cada vez melhores de nós mesmos. Isso é positivo para a nossa vida, mas pode ser tão incômodo quanto lutar, ou até mais.

COMO EU SUPERO O CHOQUE DE AJUSTE?

Quando algo positivo acontecer na sua vida, você vai ter que ajustar sua mentalidade em relação a outras coisas para criar um alinhamento e uma perspectiva nova, mais precisa e mais sustentável.

Se você se sente ansioso para ter mais dinheiro, precisa aprender a gerenciá-lo melhor. Se se sente ansioso com relacionamentos, precisa aprender a se relacionar com os outros como nunca fez antes.

Sua grande mudança de vida vai forçá-lo a subir de nível de todas as formas imagináveis, e a maneira de superar o medo inicial de entrar no desconhecido é se familiarizar com ele, torná-lo parte de você, uma parte para a qual você tenha certeza de que está preparado — e que merece.

PENSAMENTO PSÍQUICO NÃO É SABEDORIA

Quando mencionamos "pensamento psíquico", não estamos nos referindo a profissionais de ocultismo que leem mãos e anunciam em placas de néon que você pode contratá-los para avaliar sua energia e prever o futuro.

O pensamento psíquico é bem mais sutil.

Pensamento psíquico é supor que você sabe o que outra pessoa está pensando ou o que pretende fazer. É supor que o resultado menos provável é o mais viável porque você o sente de forma mais intensa. É acreditar que você perdeu coisas em "outra vida", um caminho que você não escolheu, coisas que possivelmente eram para ser suas. É acreditar que a pessoa com quem você tem uma conexão mais elétrica é seu parceiro de vida ideal.

É claro que a forma como as outras pessoas nos veem é dinâmica. Seus pensamentos, sentimentos e intenções são amplamente ou até totalmente desconhecidos para nós. O resultado menos provável é apenas isto: o resultado menos provável. Não existe o caminho que poderíamos ter tomado, apenas uma projeção das nossas necessidades e dos nossos desejos em outra ideia fantástica do que nossa vida poderia ser. Ter uma conexão elétrica não é ser alma gêmea; amor e compatibilidade não são a mesma coisa.

O pensamento psíquico nos afasta da realidade. No lugar da lógica, usamos emoções, muitas delas erradas, duvidosas e enviesadas, e as direcionamos para aquilo em que queremos acreditar.

Além de ser inconveniente, o pensamento psíquico é horrível para a saúde mental. Ele gera ansiedade e depressão. Não é só o fato de que uma coisa nos assusta e incomoda; é o fato de que acreditamos que o pensamento não só deve ser real, como pode prever eventos futuros. Em vez de sentir que estamos tendo um dia ruim, o pensamento psíquico nos faz supor que estamos tendo uma vida horrível.

Nós ouvimos "confie em si mesmo" e começamos a nos associar a oráculos, a ponto de, quando um pensamento ou sentimento que carregue um gatilho específico passa por nós, acharmos que é indicativo de algo mais que vai acontecer.

De fato, o pensamento psíquico como um todo assumiu uma identidade inédita por causa da popularidade da psicologia popular nos anos 1950 e 1960. Confie em si mesmo, dizem os gurus. Lá no fundo, você sabe a verdade.

Isso é válido. Seu intestino está literalmente conectado ao seu tronco cerebral; as bactérias do seu estômago reagem à percepção inteligente subsciente mais rápido do que sua mente. É por isso que suas "entranhas" acertam no que diz respeito a instinto. Mas, quando esse conselho é dado a gente que não consegue diferenciar uma intuição de medo ou de um pensamento passageiro que não tem relação concreta com a realidade ou a vida como um todo, acaba se tornando uma prática perigosa na qual a pessoa fica totalmente estagnada e limitada porque supõe que seus sentimentos aleatórios são todos reais — não só reais, mas uma previsão do que vai acontecer.

O pensamento psíquico não passa de uma série de vieses cognitivos, sendo que os mais proeminentes são os seguintes:

CONFIRMAÇÃO

Seu cérebro é inundado de estímulos a todo momento. Para ajudar você a processá-los, sua mente consciente fica ciente de cerca de 10% ou menos. Ela ainda está prestando atenção, armazenando informações das quais você pode precisar um dia.

No entanto, o que determina o que forma esses 10% da nossa percepção consciente tem muito a ver com aquilo em que já acreditamos. Nosso cérebro está trabalhando para filtrar as informações que não sustentam nossas ideias preexistentes e para chamar nossa atenção para as informações que as sustentam. Isso significa que estamos sujeitos a um "viés de confirmação", isto é, nós procuramos e separamos estímulos que apoiam o que queremos pensar.

EXTRAPOLAÇÃO

Extrapolação é quando pegamos as circunstâncias atuais e as projetamos no futuro. Ryan Holiday explica melhor: "Esse momento não é a minha vida. É um momento na minha vida."

A extrapolação nos faz pensar que somos a soma das nossas experiências passadas ou atuais, que os estressores e ansiedades que vivenciamos serão sentidos pelo resto da vida. Sem conseguir ver além do problema atual, passamos a supor que ele nunca vai se resolver. Infelizmente, isso pode se tornar uma profecia autorrealizável. Se ficamos tão facilmente derrotados e exaustos pela ideia de que nunca superaremos nossos problemas, então tornamos mais provável que fiquemos presos neles em vez de tentar resolvê-los pela lógica, por bem mais tempo do que o necessário.

EFEITO REFLETOR

Todo mundo acha que o mundo gira em torno de si. Você pensa em si mesmo e nos seus interesses o dia inteiro, todos os dias. Pode ser desafiador esquecer que os outros não estão pensando em nós com tanta intensidade; eles estão pensando neles mesmos.

O efeito refletor é o que acontece quando imaginamos que nossas vidas são performáticas ou estão "em exposição" para os outros consumirem. Nós lembramos as duas ou três últimas atitudes constrangedoras que tivemos e imaginamos que os outros também estão pensando nelas continuamente. Você se lembra dos dois ou três últimos constrangimentos que outra pessoa passou? Claro que não. Porque não prestamos atenção nisso.

O efeito refletor nos dá a falsa impressão de que o mundo gira ao nosso redor, quando não é verdade.

Esses vieses e outros, quando combinados ao pensamento psíquico ou à ideia de que as nossas suposições e sentimentos pelo mundo vão se tornar realidade, são danosos e incorretos. Em vez de tentar prever o que vai acontecer, usamos melhor nossa energia quando ela está focada no momento — o infinito "agora", diriam os místicos — porque a verdade é que o passado e o futuro são ilusões do presente, e tudo o que temos é o presente.

Em vez de tentar usar sua inteligência para descobrir o que vem no futuro, tente melhorar no ponto em que você está. É isso que vai mudar de verdade os resultados da sua vida.

LAPSOS LÓGICOS ESTÃO PROVOCANDO ANSIEDADE PROFUNDA

A maior parte da ansiedade que você experimenta na vida é resultado de capacidade ineficiente de pensamento crítico. Você pode supor que, por ser ansioso, você pensa demais, é alguém obcecado por qualquer resultado improvável e assustador mais do que o normal. A realidade é que você pensa de menos.

Você está perdendo parte do seu processo de raciocínio.

Vamos começar do começo. A ansiedade é uma emoção normal que todas as pessoas sentem em algum momento da vida, em geral quando as circunstâncias são estressantes, tensas ou assustadoras. Quando a ansiedade é crônica e começa a interferir no funcionamento diário do indivíduo, ela se torna um distúrbio clínico.

Nós entendemos a importância de falar sobre a saúde mental com o mesmo grau de legitimidade da saúde física.

No entanto, se uma pessoa torce o tornozelo toda hora, vamos questionar em que ela vive tropeçando. Da mesma forma, sentir muita ansiedade também é circunstancial, assim como muitas outras doenças mentais. Em particular, a ansiedade tende a ser resultado de uma incapacidade de processar circunstâncias estressantes agudas e em andamento.

Se queremos nos curar, temos que aprender a processá-las. Isso se aplica a todos, não só a quem tem um diagnóstico.

Um dos marcos da ansiedade é o pensamento rápido. Como está concentrado em uma questão de forma tão profunda e por muito tempo, você supõe que também está pensando nos detalhes e chegando à conclusão mais provável. No entanto, o que está acontecendo é o oposto.

Você está vivenciando um lapso lógico. Está pulando para o pior cenário porque não está pensando com clareza e está usando sua reação de luta ou fuga porque o pior cenário faz você se sentir ameaçado. É por isso que você fica obcecado com essa ideia apavorante. Seu corpo está reagindo como se fosse uma ameaça imediata, e, enquanto você não a "derrotar" ou superar, seu corpo vai fazer o trabalho dele, que é lhe manter em modo defensivo, isto é, em um estado ampliado de percepção do "inimigo".

O QUE É LAPSO LÓGICO?

Pense em uma coisa de que você não tem medo, talvez uma coisa que outras pessoas achem assustadora.

Talvez você não tenha medo de voar de avião. Muitas pessoas têm. Talvez você não tenha medo de ficar solteiro. Muitas pessoas têm. Talvez você não tenha medo de compromisso. Muitas pessoas têm. Você deve conseguir pensar em pelo menos uma coisa na vida da qual não sente medo.

Por que você não tem medo? Porque não tem um lapso lógico.

Você consegue se visualizar entrando num avião e saindo dele sem surtar. Consegue se visualizar sendo feliz tanto solteiro quanto comprometido. Mesmo se o pior acontecesse, você conseguiria pensar em uma situação de forma completa, desde a exposição, passando pelo clímax e chegando à conclusão. Você sabe o que faria e tem um plano.

Ao passar por um lapso lógico, o clímax se torna a conclusão. Você imagina uma situação, acha que entraria em pânico e, por ficar com medo, não consegue pensar sobre o resto do cenário. Nunca pensa em como passaria por ele, o que faria para reagir e como seguiria com a vida depois. Se pudesse fazer isso, não teria medo, pois não acharia que a situação teria o poder de "acabar" com você.

É por isso que a exposição é o tratamento mais comum para o medo irracional. Ao reintroduzir o estressor na sua vida de forma saudável, é possível restabelecer uma linha de pensamento mais saudável e mais calma. Você basicamente prova para si mesmo que vai ficar bem mesmo que algo assustador aconteça (e, na maioria das vezes, não acontece).

De qualquer modo, força mental não é só torcer para que nada nunca dê errado. É acreditar que temos a capacidade de lidar com o problema quando ele acontece.

Talvez você ainda não tenha essa crença em si mesmo. Tudo bem. Ela não é algo com a qual se nasce; é algo que se constrói aos poucos e com o tempo. É algo que você desenvolve com prática, ao encarar problemas pequenos e aprender mecanismos de enfrentamento saudáveis e capacidades de raciocínio eficientes.

A questão é que há milhões de coisas assustadoras que podem acontecer na nossa vida. É assim que funciona para todo mundo. Quando estamos tensos por causa de uma coisa assustadora e não por outra, não é porque há uma ameaça mais iminente ou mais provável; é porque estamos menos convencidos de que conseguiríamos reagir a ela. Para nos curarmos, não precisamos evitá-la. Precisamos desenvolver lógica para ver as situações como são e reagir da forma apropriada.

Muitas vezes, nossa maior ansiedade não vem do que está de fato acontecendo, mas de como pensamos no que está acontecendo. É assim que recuperamos nossa liberdade e poder emocional.

INFERÊNCIAS FALHAS ESTÃO IMPEDINDO SEU SUCESSO

Se você conhece tipos de corpos, deve estar familiarizado com os termos endomorfo, mesomorfo e ectomorfo. Embora todo mundo seja classificado em algum desses espectros (o que significa que todo mundo tem graus diversos de cada), as características que o predefinem são tipicamente seu tipo de corpo primário.[10]

Se você já estudou esses tipos, sabe que corpos endomorfos costumam ser associados a uma retenção maior de gordura. A suposição aqui é que esses indivíduos têm metabolismos piores, mas isso é falso. Os endomorfos, na verdade, têm o melhor metabolismo de todos. Eles estão vivos hoje porque seus ancestrais se adaptaram à sobrevivência de forma adequada. O metabolismo deles faz exatamente o que foi feito para fazer: estocar gordura para usar depois.

Algo parecido acontece com pessoas muito inteligentes que sentem um nível alto de ansiedade. Você supõe que, por essas pessoas serem inteligentes, conseguiriam usar a lógica para afastar medos ilógicos. (Lapsos lógicos, ou uma incapacidade de raciocinar adequadamente, muitas vezes geram ansiedade.)

Entretanto, o cérebro delas faz exatamente o que foi construído para fazer: estabelecer a conexão entre estímulos não relacionados e identificar possíveis ameaças.

Pessoas muito inteligentes têm uma função psicológica que outros não têm, que é a capacidade de inferir. Elas conseguem extrair significado e compreensão de coisas que os outros veem de forma apenas superficial. É por isso que pessoas com QI alto muitas vezes têm dificuldades com coisas básicas como habilidades sociais ou dirigir um carro. Enquanto os outros veem o mundo como um lugar unidimensional, os altamente inteligentes o veem de forma tridimensional. Eles pensam com mais profundidade do que costuma ser necessário. Isso lhes dá a capacidade de criar, entender, formular estratégias e inventar.

Da mesma forma que o excelente metabolismo dos endomorfos pode funcionar contra eles, o cérebro de alguém muito inteligente também pode. Isso porque, às vezes, ele faz uma coisa chamada "inferências falhas", que é quando falácias, vieses e suposições incorretas são feitas a partir de evidências válidas.

O que acontece com o seu cérebro quando você é muito ansioso é que ele foca em um estímulo muitas vezes inócuo e extrai um significado ou previsão disso. Quando você sente medo, seu cérebro trabalha em velocidade máxima para identificar o que pode vir a machucá-lo, elaborando, de maneira criativa, formas de evitar a experiência. Quanto mais inteligente você é, melhor fica nisso.

No entanto, quanto mais você evita o medo, mais intenso ele se torna.

O QUE É INFERÊNCIA FALHA?

Uma inferência falha é quando você chega a uma conclusão falsa baseada em evidências válidas.

Isso significa que o que você está vendo, vivenciando ou entendendo pode ser real, mas as suposições que você cria a partir disso não são reais ou são altamente improváveis.

Um exemplo disso é uma generalização apressada, algo que acontece quando você alega algo sobre um grupo inteiro com base em uma ou duas experiências que teve. Esse é o viés na base de grande parte de ideias racistas e preconceituosas. Outro exemplo é *post hoc ergo propter hoc*, que é o que acontece quando você supõe que, porque duas coisas aconteceram ao mesmo tempo, elas devem estar relacionadas, mesmo que não estejam.

Uma falsa dicotomia ocorre quando você supõe que só há duas possibilidades válidas, quando, na realidade, há bem mais, porém, você não está ciente. Um exemplo disso é quando seu chefe o chama para uma reunião particular e você supõe que ou vai ganhar uma promoção ou será demitido. A imagem de ir ladeira abaixo, para usar esse exemplo, é outra falsa inferência na qual você supõe que um evento vai desencadear uma série de outros, mesmo que isso não ocorra.

Essas são algumas da infinidade de formas pelas quais seu cérebro pode traí-lo. Embora a intenção seja mantê-lo alerta e ciente, às vezes a ameaça é aumentada. Sem conseguir decifrar a diferença, seu corpo reage de qualquer jeito.

COMO EU CORRIJO ISSO?

O primeiro passo para corrigir a inferência falha é estar ciente de que você está fazendo isso. Na maioria dos casos, quando se dá conta de que está pensando em uma falsa dicotomia ou fazendo uma generalização apressada, você para de fazer isso. Entende o que é e supera.

Treinar seu cérebro para parar de fazer isso leva tempo. Pense na sua mente como um mecanismo de busca que preenche os seus termos de forma automática. Se é algo que você inseriu várias vezes ao longo dos anos, ainda vai aparecer por um tempo. Você precisa trabalhar de forma constante para acrescentar novos pensamentos, opções e estímulos, e mudar o que vai surgir naturalmente.

Isso não só é possível; é inevitável. Você só se adapta ao que faz com constância. Seu cérebro vai começar a reorientar sua zona de conforto, e vai acabar parecendo tão natural pensar de forma lógica quanto antes era pensar de forma dramática. Vai parecer tão natural ser calmo quanto é ser ansioso. É preciso estar consciente, e isso leva tempo. Mas sempre é possível.

PREOCUPAR-SE É O SISTEMA DE DEFESA MAIS FRACO

A reflexão é a mãe da criatividade. Ambas são controladas pela mesma parte do cérebro.[11]

É por esse motivo neurológico que existe um estereótipo sobre "criativos deprimidos". Qualquer artista vai dizer que os piores momentos de sua vida inspiraram os trabalhos mais revolucionários. Mas o que um artista não vai dizer é que não é necessário haver uma crise para isso ocorrer.

Bom, isso é evidente, você deve estar pensando. Uma crise é o pior cenário. Mas quantos de nós se colocam em estado de pânico pelo medo do "cenário menos provável" virar verdade? Quantos de nós, tentando nos proteger do pânico, criamos uma crise por puro medo todos os dias?

Nós não somos simplesmente masoquistas. Somos seres muito inteligentes com funcionamento inconsciente. Nossos cérebros entendem uma coisa: se imaginarmos nossos piores medos, podemos nos preparar para eles. Se refletirmos repetidamente sobre eles, podemos nos sentir protegidos de certa forma. Se estivermos preparados para a tempestade, ela não pode nos machucar.

Mas pode.

Preocupar-se em excesso não é um defeito. Você não é uma pessoa pior porque não consegue "simplesmente parar" e "apreciar a vida". Preocupar-se é um mecanismo de defesa subconsciente. É o que fazemos quando nos importamos tanto com algo que ficamos apavorados de que nos faça mal, então nos preparamos para lutar por isso.

Qual é o oposto do seu medo? É isso que você quer. É o que você quer tanto que iria ao extremo da sanidade para proteger.

Não tem nada de errado com você por pensar assim, mas também não tem nada de errado em estar pronto para seguir em uma nova direção.

A realidade é que a preocupação não nos protege da forma que achamos que pode proteger. Não conseguimos vencer o medo até a linha de chegada. A preocupação nos sensibiliza para uma infinidade de resultados negativos possíveis. Ela muda nossa configuração mental para esperar, procurar e criar um pior cenário. Se uma crise ocorresse, entraríamos em pânico, porque nosso cérebro e corpo estavam se preparando para essa guerra épica havia muito tempo.

Se não tivéssemos premeditado esses medos de forma tão excessiva, não ficaríamos tão impactados caso realmente acontecessem. Veríamos a face verdadeira da situação e reagiríamos de acordo com ela.

É assim que um ciclo ruim se forma: quando nos preocupamos muito com algo que é totalmente ilusório e ele não acontece — porque, é claro, nem ia acontecer —, começamos a associar preocupação com segurança. Viu? Eu pensei tanto nisso que acabei evitando.

Mas não é isso que está acontecendo.

Falar para alguém parar de se preocupar e estar presente fortalece o impulso de ter medo, porque você está na prática pedindo para a pessoa baixar a guarda. Fazer com que ela se sinta mais vulnerável quando já está tensa não é a solução.

É preciso encontrar um jeito diferente de se sentir seguro.

Em vez de passar o tempo ensaiando o quanto você entraria em pânico se determinada situação acontecesse, imagine como outra pessoa reagiria se estivesse no seu lugar. Imagine chegar do outro lado da questão, talvez até tratar como oportunidade para criar algo que numa situação diferente você não conseguiria.

Em vez de passar o tempo se encolhendo e diminuindo sua vida por medo de talvez confrontar alguma espécie de dificuldade, desenvolva sua autoestima e saiba que, mesmo se você fracassar, não será julgado, exilado ou odiado da forma como teme.

Em vez de passar a vida inteira tentando identificar a próxima coisa com que se preocupar e "superá-la", aprenda a seguir para um novo padrão de pensamento no qual você reconhece que não precisa equilibrar o ruim com o bom para ter uma vida plena e justa. A estabilidade e a integralidade, a saúde e a vitalidade são direitos. Você tem permissão de ter tudo que quiser. Você tem permissão de ficar em paz.

Preocupar-se é básico porque preenche uma necessidade profunda dentro de nós de sentir que obtivemos conquistas e estamos protegidos e seguros. Mas, ao mesmo tempo, nosso incômodo com isso é um aspecto maior de nós mesmos nos informando que isso não é necessário e, na verdade, está nos impedindo de sermos quem queremos e fomos feitos para ser.

Existe uma forma melhor de alimentar sua fome emocional, e não é lutar consigo mesmo pela sua paz interior.

CAPÍTULO 5

LIBERTANDO O PASSADO

AO LONGO DA VIDA, passaremos diversas vezes por um processo de reinvenção.

Com o passar do tempo, nós precisamos mudar, pois fomos feitos para evoluir. Nosso corpo nos mostra isto: eliminamos e substituímos células de tal modo que alguns argumentam que somos completamente "renovados" a cada sete anos.[12]

Nosso crescimento mental e emocional segue um processo similar, embora aconteça com bem mais frequência. Faz sentido, então, que alguns dos nossos sofrimentos mais profundos venham do fato de resistirmos a esse processo natural. Sofremos porque, embora precisemos mudar a vida, estamos nos agarrando a bagagens e detritos do passado. Enquanto carregamos emoções não solucionadas de um dia para o outro, levamos aos poucos nossos traumas passados para a vida futura.

Liberar o passado é um processo e um exercício — e temos que aprendê-lo. É aqui que começamos.

COMO COMEÇAR A DEIXAR
O PASSADO PARA TRÁS

Você não pode se obrigar a deixar o passado para trás, por mais que saiba o que quer.

Agora, você está sendo convocado para libertar seu antigo eu: suas aflições anteriores, seus relacionamentos passados e toda a culpa do tempo que você passou negando a si mesmo o que realmente queria e precisava. Recuperar-se da autossabotagem exige começar um processo de deixar o passado para trás.

No entanto, é impossível extirpar algo armazenado no seu cérebro, por mais que você não queira que esteja lá.

Você não pode simplesmente deixar aquilo de lado, relaxar um pouco e se obrigar a parar de pensar em uma coisa em volta da qual seu mundo inteiro orbitava.

Não é assim que acontece.

Você não vai deixar o passado para trás assim que alguém disser para "superar" ou no dia em que se der conta de que tem que admitir certa derrota ou no exato segundo em que perceber que a esperança é, sim, inútil.

Você não deixa para trás no instante em que começa a dizer que não vai mais se importar. Isso é algo que pessoas que nunca ficaram ansiosas de verdade suporiam. É algo em que só acreditam aqueles que nunca estiveram profundamente apegados a algo pela sensação de segurança, proteção e amor que aquilo lhes proporcionava.

Não tem nada de errado com você por quase sentir raiva quando lhe dizem para "superar" com tanta indiferença, como se as pessoas não conseguissem imaginar as tempestades na sua cabeça e no seu coração.

Como você poderia ficar tão passivo em relação a algo em que gastou tanto tempo da vida trabalhando ativamente para manter e restaurar?

Você não pode e não vai ficar.

Você começa a superar no dia em que dá um passo para construir uma nova vida e se permite deitar na cama, olhar para o teto e chorar pelo tempo que precisar.

Você começa a superar no dia em que percebe que não pode continuar a girar em torno de uma lacuna que falta na sua vida e que seguir como antes não é mais uma opção.

Você começa a superar quando percebe que esse é o ímpeto, é o catalisador, é o momento que inspira filmes, livros e músicas.

Esse é o momento em que você percebe que nunca vai encontrar a paz se estiver parado nas ruínas do que você era.

Você só pode seguir em frente se começar a construir algo novo.

Você supera o passado quando constrói uma vida nova tão imersiva, envolvente e empolgante que, aos poucos, ao longo do tempo, esquece o passado. Quando tentamos nos obrigar a "superar o passado", nós o agarramos com mais força, intensidade e paixão do que antes. É como se alguém dissesse para você não pensar em um elefante branco, e essa passa a ser a única coisa em que você vai conseguir focar.

O coração funciona do mesmo jeito que a mente nesse aspecto. Enquanto dizemos para nós mesmos que temos que superar, mais ficamos apegados.

Portanto, não diga para si mesmo que você precisa superar o passado.

Diga que você pode chorar pelo tempo que precisar. Que pode se despedaçar e ficar em um péssimo estado, deixando a vida desabar e desmoronar. Diga que pode deixar sua base despencar.

Você vai perceber que ainda está de pé.

O que construir depois da perda vai ser tão profundo, tão impressionante, que você vai se dar conta de que talvez a perda fosse parte do plano. Talvez tenha despertado uma parte de você que teria ficado adormecida caso não tivesse sido pressionado como foi.

Se você tem certeza de que não consegue superar o que dói, então não supere.

Mas dê um passo hoje e outro amanhã para construir uma nova vida para si mesmo. Uma peça de cada vez, um dia de cada vez.

Porque, mais cedo ou mais tarde, o tempo vai passar e você vai se dar conta de que não pensou na questão. Primeiro uma hora, depois um dia, uma semana... Anos e trechos da sua vida vão passar e tudo que você achou que o destruiria se torna uma lembrança distante, algo que faz você sorrir quando olha para trás.

Tudo que você perde se transforma em algo pelo qual você se torna profundamente grato. Com o tempo, você vê que esse não era o caminho. Era o que estava atrapalhando o seu caminho.

O TRUQUE PSICOLÓGICO PARA LIBERTAR VELHAS EXPERIÊNCIAS

Só porque uma experiência acabou não significa que ela ficou no passado.

Nós guardamos experiências emocionais inacabadas e não resolvidas dentro do corpo. Cognitivamente, costumamos achar que ficamos atrofiados pelo tempo de vida em que fomos magoados ou traumatizados. Sentimos medo, nunca o superamos e, como resultado, paramos de crescer.

Com frequência, o que não percebemos é que as experiências que mais nos magoam não costumam ser as que provocam indiferença: há algo nelas que nós queríamos profundamente ou ainda desejamos. Não ficamos arrasados por causa de um término; o que nos fez mal foi querer um amor que não era certo para nós. Nós não ficamos tristes por uma perda; ficamos tristes porque queríamos muito que aquela pessoa ou coisa permanecesse na nossa vida.

Nós ficamos mentalmente presos nesses lugares onde ainda desejamos ter uma experiência. O que não percebemos é que temos que nos libertar deles para podermos seguir em frente e criar a experiência em tempo real.

Em vez de aceitar que nossa vida não deu certo em algum de seus aspectos, temos que ver o que estava no âmago do nosso desejo e pensar em um jeito de nos dar essa experiência agora.

Se você quer mesmo superar uma experiência passada, é preciso acessá-la pela memória. Feche os olhos e encontre o sentimento incômodo no seu corpo.

Esse é o seu portal para a sua raiz. Siga o sentimento e peça que mostre onde começou. Você vai se lembrar de um momento, lugar ou experiência. Às vezes, a lembrança é tão recente que você não precisa fazer isso e pode só acessar uma lembrança imaginando que está de volta onde tudo começou.

Agora, o que você precisa fazer é sobrepor uma narrativa para o seu mais novo eu. Precisa imaginar que você, seu eu antigo curado e feliz, está compartilhando sabedoria.

Imagine se sentar ao lado do seu eu mais jovem na hora que ele sofreu uma decepção amorosa e lhe dar explicações bem específicas sobre por que é melhor que seja assim, e dizer que, embora ele não tenha como saber ainda, outro relacionamento vai ser bem melhor.

Imagine se sentar ao lado do seu eu mais jovem quando ele estava se sentindo muito mal e lhe dar as instruções exatas sobre o que ele precisa fazer para se sentir melhor: a quem ele precisa recorrer, aonde precisa ir, o que precisa começar a fazer e o que precisa parar de fazer.

E o mais importante: imagine dizer para seu eu mais novo que simplesmente tudo — sim, tudo — vai ficar bem. Que seus medos são infundados, que coisas ótimas estão a caminho e que a vida vai ficar boa no fim das contas.

Você precisa fazer isso para libertar o velho apego e permitir que uma parte sua se agarre ao momento presente e ao que existe nele.

Embora você não possa alterar o que aconteceu no passado, se mudar a sua visão sobre isso, poderá mudar quem você é agora. Pode transformar a narrativa e sua vida. Pode parar de se agarrar à antiga existência, na qual tinha que ser alguém que não é.

A verdade é que, quando temos um apego não saudável a algo do passado, nossa perspectiva sobre ele acaba ficando distorcida. Não estamos vendo a realidade pelo que era e precisamos nos ajudar a conseguir ampliar a mentalidade e nos abrir para a verdade. Em vez de desejar o que não tínhamos, precisamos nos libertar do passado e começar a botar energia em construir essa experiência agora.

Quando fazemos isso, ficamos livres para entrar no campo do potencial infinito. Ficamos livres para sermos quem sempre quisemos ser, para criar o que sempre quisemos criar e para ter o que sempre quisemos ter. A hora é agora e o lugar é aqui.

Remoer o passado não significa que você quer voltar a ele.

Não conseguir esquecer o que aconteceu não significa que você está satisfeito em reviver tudo de novo, embora, neste momento, você esteja, sim.

A coisa mais louca da vida é a forma despretensiosa com que ela segue em frente. Você perde a pessoa que lhe era mais próxima e o mundo lhe dá alguns dias de luto, mas depois esperam que você simplesmente continue vivendo como se nada tivesse acontecido. Você passa por algo que muda tanto sua vida, sua mente e que provoca um trauma profundo, para, então, descobrir que a sociedade tem um limite pequeno para o quanto tolera seu medo.

Você tem permissão e é perdoado pelo seguinte: chorar, ficar triste e cancelar alguns planos aqui e ali. Terá alguns dias para não ir trabalhar e alguém para ouvir seus desabafos algumas poucas vezes.

Mas processar e aceitar a gravidade de uma coisa que tocou cada pedacinho de você não é algo que possa ser feito em um dia de licença no trabalho. Não é uma coisa para a qual o mundo nos dê tempo suficiente, e, por isso, você faz de qualquer jeito. Você segue em frente.

Um dia, acorda e descobre que, por todas as medidas identificáveis, você superou. Está a quilômetros de onde começou, não consegue nem se lembrar direito desse ponto.

O que você está subestimando é o fato de que, embora possa deixar para trás um lugar, uma pessoa ou uma situação... é impossível fazer isso consigo mesmo.

Por que ficar pensando no passado o surpreende? Você não teve oportunidade de apontar uma luz para aquela escuridão específica e concluir que estava tudo bem. Você não teve oportunidade de fazer nada.

Quando sua mente fica presa no passado, não é porque ela quer voltar para lá; é porque você sofreu um impacto bem mais profundo do que tinha percebido, e os efeitos disso ainda o abalam.

Esses efeitos reaparecem como pensamentos aqui e ali, mas, sob a superfície, há um eco profundo que tem o poder de colocar você exatamente onde você estava, como se nunca tivesse saído de lá.

Você pode sair do país, se casar de novo, construir uma carreira nova, sair com 12 pessoas, encontrar um grupo de amigos novos, se sentir mais feliz e satisfeito do que nunca e, ainda assim, sofrer pelo que seu eu mais jovem passou.

Apesar de você estar diferente por fora, aquela parte ainda existe por dentro. Aquele seu eu mais jovem não quer que você siga em frente; quer que você o identifique e reconheça.

E você vai fazer isso com o tempo.

Você não está errado nem tem algum problema por se sentir como se sente. Você reagiu às suas circunstâncias como qualquer pessoa saudável faria. Se qualquer um estivesse no seu lugar, teria reagido da mesma maneira. Outra pessoa se sentiria exatamente igual a você.

Você era uma pessoa saudável que passou por uma situação traumática e reagiu como o esperado.

Você é uma pessoa que seguiu em frente porque precisou fazer isso, mas que não estava doente a ponto de se desassociar completamente do passado.

O fato de você ainda lembrar o que aconteceu é sinal de que está mais saudável do que pensa, mais disposto a se curar do que percebe e mais misericordioso do que achou que ficaria. Tudo que o assombrou está surgindo na sua consciência, e você consegue ver isso e se retirar de forma graciosa.

Você não é a pessoa que era, mesmo que todas aquelas peças ainda sejam partes suas.

Você não é problemático por estar sofrendo; você está tentando se libertar da dor.

SUPERANDO AS EXPECTATIVAS NÃO REALISTAS

Não é tão corajoso assim dizer que você ama seu corpo depois de tê-lo modificado até ficar exatamente como você quer que ele fique.

Não é tão corajoso assim dizer que você não liga para bens materiais quando você tem acesso a tudo no mundo.

Não é tão corajoso assim dizer que o dinheiro não o motiva quando você tem o suficiente.

Quando você só encontra felicidade e paz depois de consertar todos os defeitos, dominar cada desafio e estar vivendo na parte do "depois" na imagem da sua vida, você não resolveu nada.

Você só reforçou a ideia de que não consegue ficar bem enquanto não estiver tudo perfeito.

A verdade é que você não muda sua vida quando conserta cada peça e chama isso de cura.

Você muda sua vida quando começa a parecer exatamente como é. Muda sua vida quando fica à vontade sendo feliz onde está, embora queira seguir em frente. Você muda sua vida quando consegue se amar apesar de não ter a aparência que queria. Muda sua vida quando tem princípios em relação a dinheiro, amor e relacionamentos, quando trata estranhos tão bem quanto trata o CEO de sua empresa e quando gerencia mil dólares da mesma forma que faria com 10 mil dólares.

Você muda sua vida quando começa o que é assustador de verdade: se mostrar exatamente como é.

A maioria dos problemas que existem na nossa vida é uma distração do problema real, que é o fato de não estarmos à vontade no presente, como somos aqui e agora.

Portanto, precisamos nos curar primeiro. Precisamos lidar com isso primeiro. Porque todo o resto cresce a partir daí.

Precisamos ter coragem e confrontar nosso incômodo, nos sentar com ele ainda que embrulhe o estômago, nos faça torcer o nariz e nos deixe certos de que nunca vamos encontrar uma solução. (Mas vamos.)

Precisamos ouvir o que está errado, sentir, seguir em frente, permitir que exista.

A verdade é que esse incômodo é o verdadeiro problema, e nós corremos em círculos tentando consertar uma coisa atrás da outra porque elas são sintomas.

Se lidamos bem com dinheiro, temos algum problema com o corpo. Se ficamos bem com o corpo, temos algum problema com relacionamentos. Quando controlamos tudo que importa, voltamos ao começo, tentamos complicar, mudar, consertar e identificar um problema que é qualquer coisa, menos a verdadeira questão.

Quando você começa a se mostrar exatamente como é, sua vida muda radicalmente.

Você começa a receber amor autêntico. Começa a fazer seu melhor, mais lucrativo e espontâneo trabalho. Começa a rir; começa a apreciar as coisas de novo. Você começa a se dar conta de que só precisava de algo em que projetar todo esse medo, e acabou escolhendo as questões mais vulneráveis e comuns da vida.

Quando você começa a se mostrar exatamente como é, acaba com a baboseira.

Declara para o mundo que não vai se amar só quando ele achar que você merece.

Você não vai ter valores apenas quando tiver tudo de que poderia precisar.

Você não vai ter princípios apenas quando chegar aonde quer estar.

Você não vai ser feliz apenas se alguém amar você.

Quando se mostra como é, você quebra esse padrão.

O bom da vida não fica mais reservado para uma versão sua que você provavelmente nunca vai ser.

Sempre foi um jogo tentar explicar para si mesmo por que você não se sentia bem naturalmente, antes de saber como começar a se mostrar e dar espaço aos seus sentimentos. Quando ainda morava na escuridão, tinha que suprimir isso e projetar o problema nas suas outras questões. Não mais.

Você está se mostrando como é hoje e tomando o que é seu, não o que pertence a uma versão imaginária de você. Não o que você acha que o mundo acha que você merece. Você, aqui, agora. Isso é a verdadeira cura.

A verdade é que o universo não permite a perfeição. Sem quebras e vãos, não haveria crescimento. A natureza depende da imperfeição. Linhas de falha formam montanhas, implosões de estrelas se tornam supernovas e a morte de uma estação cria o renascimento da seguinte.

Você não veio a este mundo para atingir a expectativa que criou na sua cabeça. Você não veio a este mundo fazer tudo de forma precisamente certa e pontual. Fazer isso exigiria tirar sua espontaneidade, curiosidade e deslumbramento.

O QUE SAI DO CAMINHO
ESTÁ ABRINDO CAMINHO

Não há nada que você possa fazer para ganhar alguém ou algo que não esteja destinado a você.

Você pode lutar com todas as suas forças. Pode se agarrar o máximo que conseguir. Pode se obrigar a fazer uma ginástica mental para identificar sinais. Pode pedir para seus amigos lerem textos e e-mails. Pode decidir que sabe o que é melhor e certo para você. Mas, principalmente, você pode esperar.

Você pode esperar para sempre.

O que não é certo para você nunca vai permanecer na sua vida.

Não há emprego, pessoa ou cidade que você possa obrigar a ser certo para você se não for, embora seja possível fingir por algum tempo. Você pode fazer jogos consigo mesmo, pode justificar e dar ultimatos. Pode dizer que vai tentar só mais um pouco e pode dar desculpas para justificar por que as coisas não estão dando certo agora.

A verdade é que o certo para você vai aparecer, ficar com você e não se afastar por muito tempo. A verdade é que, quando uma coisa é certa para você, ela traz clareza, e quando é errada, traz confusão.

Você fica estagnado quando tenta tornar certa uma coisa que é errada para você. Quando tenta se encaixar em um lugar ao qual não pertence. Você fica dividido, alimenta um conflito interno que não consegue resolver. Quanto mais o sentimento se intensifica, mais você o confunde com paixão. Como você poderia sentir uma coisa tão forte por algo que não é certo?

Mas você pode, porque é possível usar a mente para se apegar. Você pode se apaixonar por um potencial, em vez de uma realidade. Pode orquestrar e coreografar danças de como vai viver seus dias quando as coisas finalmente se encaixarem no lugar certo. Pode elaborar uma vida de fantasia em que tudo que pensou que queria se enraizou no seu dia a dia.

Mas, se não estiver acontecendo, é só isso — uma fantasia. E, quando nós começamos a acreditar profundamente em uma fantasia, ela se torna uma ilusão. E uma ilusão pode ser bem atraente.

A verdade é que o que não é certo para você nunca vai ficar na sua vida. Você pode querer fingir que não sabe se esse é o caso, mas, no fundo, sabe. Você sente. É por isso que precisa se agarrar com tanta força e com tão pouco espaço de manobra. As coisas que são certas para você podem ficar livres. Você não precisa convencê-las de que são certas. Não precisa listar todas as provas como se estivesse se defendendo num tribunal.

Às vezes, nós nos perdemos em sonhos antigos. Nos perdemos nas vidas que os outros queriam que tivéssemos. Ficamos presos no que achávamos que deveria acontecer, no que supomos que teríamos. Nós somos interrompidos por todas as ideias flutuando na nossa cabeça sobre o que *poderia* acontecer e *deveria* acontecer se as coisas fossem diferentes, se tudo se encaixasse.

É por isso que a vida nos dá esse tipo de garantia. Às vezes, ela afasta de nós o que é errado para nós quando não estamos dispostos a ver isso sozinhos.

Na verdade, não queremos o que não é certo para nós; simplesmente nos apegamos a isso. Temos medo. Ficamos presos na suposição de que nada de melhor vai surgir, que a ausência disso vai abrir um poço de sofrimento infinito para o qual não haverá solução. Nós não queremos o que não é certo para nós, só temos medo de nos libertarmos do que acreditamos que vai nos dar segurança.

O engraçado é que não há nada que nos deixe mais inseguros do que ficar perto do que não é certo para nós. Não há nada que vá se desfazer mais rápido. Não há nada que nos atormente como isso.

O que não é certo para você nunca vai permanecer na sua vida, e não por existirem forças fora do nosso alcance controlando as minúcias da nossa vida diária. O que não é certo para você não vai permanecer em sua vida porque, lá no fundo, você sabe que não é certo. É você que supera, vê a realidade e se afasta. É você que está resistindo, é você que está se reprimindo, é você que está elaborando fantasias de cura sobre como vai ser incrível quando forçar uma coisa errada a ser certa.

O que não é certo para você não permanece em sua vida porque você não quer e, assim, não o escolhe. Você se afasta quando se dá conta de que está pronto e desiste quando consegue, percebendo que estava o tempo todo apaixonado por um truquezinho de mágica que lhe dava segurança.

RECUPERANDO-SE DE UM TRAUMA EMOCIONAL

Talvez você ache que o trauma está na sua cabeça no sentido metafórico. Mas está no seu corpo no sentido literal.

Trauma é o que acontece quando algo provoca medo e você não o supera. Se não o resolver ou derrotar, você entra e permanece em um estado de luta ou fuga, que, para o ser humano, é basicamente a reação de pânico responsável pela sobrevivência.

Trauma é a experiência de se desconectar de um sentimento fundamental de segurança. A não ser que você seja capaz de restabelecer essa conexão, um viés particularmente destrutivo distorce sua visão de mundo: você se torna hipersensível, o que significa que vai criar expectativa, pensar em demasia, reagir em excesso, passar a ter estímulos inócuos como gatilho, personalizar situações neutras e ficar em um "modo de combate" mental.

Depois de vivenciar um trauma, seu cérebro vai se reconfigurar temporariamente para procurar a "ameaça" potencial em tudo, o que torna bem difícil seguir em frente e não desenvolver um complexo de vítima. Afinal, seu cérebro estará tentando literalmente mostrar todas as formas imaginárias nas quais o mundo poderia estar "perseguindo você".

É por isso que a exposição é tão eficiente como tratamento para o medo e para a ansiedade. Ao reintroduzir aos poucos o estressor na vida de alguém — e mostrar que a pessoa é capaz de lidar com ele —, o cérebro consegue voltar a um estado neutro, pois o sentimento de controle e segurança está sendo restabelecido.

Também é por isso que as pessoas que têm laços sociais mais fortes e resiliência mental anterior a um evento traumático têm mais probabilidade de usar o evento como catalisador para refletir, crescer, ter compaixão e se curar em vez de se autodestruir. Elas se conectam de forma múltipla a esse sentimento essencial de "segurança", então, mesmo que um desses laços se eroda ou seja rompido, os outros permanecerão lá para apoiá-las.

O que acontece com o seu cérebro depois de um evento traumático?

Neurologicamente, nós processamos o estresse em três partes do cérebro.[13]

O primeiro são as amígdalas cerebelosas, o segundo é o hipocampo e o terceiro é o córtex pré-frontal. Indivíduos que sofrem de transtorno de estresse pós-traumático (TEPT) têm um hipocampo menor (o centro das emoções e da memória), função das amígdalas cerebelosas aumentada (o centro da reflexão e criatividade) e função diminuída no córtex pré-frontal medial/córtex cingulado anterior (o centro que governa comportamentos complexos como planejamento e autodesenvolvimento).

Fica evidente, então, por que um trauma tende a nos causar os seguintes impactos:

- Nosso cérebro para de processar a memória integralmente, nos deixando com fragmentos do que aconteceu e às vezes contribuindo com o sentimento de dissociação.
- Nossa capacidade de gerenciar uma amplitude de emoções diminui.
- Nós ficamos sufocados e estagnados, temos dificuldade de planejar o futuro e nosso autodesenvolvimento e autoatualização param.

- Quando entramos em um estado de luta ou fuga, nosso corpo interrompe qualquer função avançada que não seja necessária para a sobrevivência. Os receptores principais do corpo se tornam extremamente sensíveis e reativos a estímulos. Essa é uma parte linda e essencial de ser humano. Foi o que nos manteve vivos como espécie. No entanto, não é um estado que deve ser mantido por muito tempo.

Séculos atrás, quando estávamos no degrau mais baixo da atualização, no começo da hierarquia Maslow,[14] o que mais nos preocupava era a sobrevivência física. Agora, nosso foco é primariamente na autoatualização, e na significância e na tentativa de nos sentirmos "seguros" pela aceitação social, pela riqueza ou pela acuidade mental.

Com toda essa área cinzenta, parece óbvio que mais gente estaria lutando mental e emocionalmente do que antes, apesar de terem mais desafios físicos para superar.

A recuperação se resume a algo bem simples, que é restaurar a sensação de segurança.

No entanto, a parte mais importante dessa restauração é que você precisa restabelecer um sentimento de segurança na área exata da vida que foi traumatizante.

Muitas vezes, se alguém fica traumatizado por um relacionamento que teve quando era jovem, vai reinvestir essa energia em valorizar ser atraente ou bem-sucedido. Essas pessoas acreditam que, se forem "boas o suficiente", nunca mais serão rejeitadas. Só que nós todos sabemos que não é assim que funciona. Isso acaba fazendo com que tenhamos apegos nada saudáveis e destrutivos a essas coisas.

Se sofremos um trauma com um relacionamento, restauramos o sentimento de segurança ao trabalhá-lo em outros relacionamentos saudáveis e seguros.

Se sofremos um trauma por dinheiro, restauramos o sentimento de segurança ao fazer o que tivermos que fazer para garantir que teremos o suficiente e poupar para um gasto de emergência.

Se sofremos um trauma pela perda de um emprego, restauramos o sentimento de segurança ao ter um plano B ou um trabalho extra engatilhado para o caso de acontecer de novo.

Se sofremos um trauma por bullying, restauramos o sentimento de segurança ao encontrar novos amigos.

O que a maioria das pessoas tenta fazer é compensar em excesso em uma área da vida que não é o verdadeiro problema. Por exemplo, se a pessoa teve dificuldade em relacionamentos, ela acumula dinheiro para se sentir "segura". Claro que isso é inútil, porque o problema não foi resolvido.

Seu trauma não está "na sua cabeça"; ele é literalmente um estado modificado no seu cérebro, e a única forma como você pode ajudar seu corpo a voltar ao estado anterior é recriar o sentimento de segurança que permite que você "desligue" o modo de sobrevivência e volte à vida normal.

LIBERANDO A RESERVA EMOCIONAL

Sua reserva emocional é como a sua caixa de entrada de e-mails.

Pode ser uma analogia simples, mas é eficiente. Quando você sente emoções, é como se estivesse recebendo pequenas mensagens do seu corpo, que vão se empilhando uma de cada vez. Se você não as abrir nunca, vai acabar com mais de mil notificações e deixar passar informações cruciais e percepções importantes de que precisa para a sua vida seguir em frente. Ao mesmo tempo, você não pode ficar sentado o dia inteiro respondendo cada mensagem na hora que chega. Você nunca conseguiria fazer nada.

É um erro supor que as emoções são experiências opcionais. Não são. Mas nós somos mestres em evitar nossos sentimentos, e fazemos isso de diversas formas. Muitas vezes, recorremos a substâncias que nos entorpecem fisicamente, a projeções e julgamentos que desviam nossa atenção para as falhas de outra pessoa e não para as nossas, e a todos os tipos de outras buscas mundanas. No nível mais básico, deixamos nosso corpo tão tenso a ponto de não o sentir.

Psicologicamente, você deve saber que isso não dá certo a longo prazo. A reserva começa a entupir em algum momento. Você é obrigado a ficar imóvel e dormir, chorar e sentir tudo.

Eu queria que houvesse alguma verdade poética e mística para compartilhar aqui, mas não há. Só há a sua anatomia, a fisiologia do que está acontecendo no seu interior quando você sente.

Emoções são experiências físicas. Nós expurgamos tudo do corpo com regularidade. Nós defecamos, suamos, choramos, trocamos a pele toda uma vez por mês. Os sentimentos não são diferentes. São experiências que precisam ser liberadas da mesma forma.

Quando não são sentidas, as emoções ficam encorpadas, ou seja, ficam presas no nosso corpo. Isso acontece porque elas têm uma característica chamada componente motor, o que significa que, assim que surgem — antes que você possa suprimi-las ou ignorá-las —, criam uma ativação micromuscular.

Nosso corpo reage de forma instantânea.

Muitas vezes, armazenamos dor e tensão na área do corpo em que uma expressão muscular começou, mas nunca se materializou por completo.

Isso acontece porque, neurologicamente falando, a parte do seu cérebro que regula as emoções, o córtex cingulado anterior, fica ao lado da área pré-motora, o que significa que, quando um sentimento é processado, ele começa a gerar uma reação física, corporal. A área pré-motora se conecta ao córtex motor e segue de volta aos músculos específicos que vão expressar a emoção.

Que músculos expressam quais emoções? Bem, depende.

Nós temos muito material que nos dá dicas de onde reagimos fisicamente a emoções. Muitas vezes, sentimos medo na barriga (pense em frio na barriga ou em reação visceral) e desilusões amorosas no peito (é daí que vem a coisa toda do "coração partido"), estresse e ansiedade nos ombros (pense no "peso do mundo nos ombros") e problemas de relacionamento no pescoço (pense em pescoço dolorido).

Mas, na verdade, é mais profundo do que isso. Digamos que alguém fez algo a você que atravessou um limite e seu instinto foi gritar em resposta. Entretanto, como entendeu que gritar com vontade não era a solução, você se segurou. Embora talvez tivesse sido a coisa certa a fazer no momento, seu corpo poderia armazenar tensão residual no pescoço ou na área da garganta. Em outros casos, as pessoas podem sentir efeitos psicossomáticos das emoções, que são um pouco mais abstratos, como dor nos joelhos ou pés quando o trauma delas é de "seguir em frente", e assim por diante.

A verdade é que nosso corpo está falando conosco por meio de símbolos tácitos. Se conseguirmos aprender o que ele está dizendo, podemos nos curar de uma forma completamente nova.

Você já sabe que as emoções às vezes ficam armazenadas no seu corpo quando não são expressas integralmente. Sendo assim, como começamos a nos livrar delas?

Há uma série de estratégias que você pode usar para isso, e o que importa é o que funciona para você. Não existe um caminho único, mas há algumas opções que costumam funcionar bem para a maioria das pessoas, sobretudo quando usadas em conjunto.

PARE DE MEDITAR PARA FICAR CALMO; COMECE A MEDITAR PARA *SENTIR***.**

Eu sei que isso vai contra tudo que você já ouviu sobre meditação. Mas é esse o objetivo real dessa atividade. Se você se sentar para uma sessão de dez minutos e tentar se obrigar a ficar relaxado e leve, estará fazendo o mesmo tipo de supressão que causou a necessidade de meditar.

O objetivo da meditação é ficar parado experimentando o surgimento de todos os sentimentos: a raiva, o medo, a tristeza, os pensamentos sufocantes... e, apesar do quanto pode ser sedutor ou provocar gatilhos, você aprende a ficar imóvel e não reagir. Aprende a permitir que esses pensamentos e sentimentos surjam e passem, porque não reage a eles.

Isso exige prática.

USE VARREDURAS DE RESPIRAÇÃO PARA ENCONTRAR A TENSÃO RESIDUAL DO CORPO.

Não é preciso um esforço grande demais para descobrir em qual ponto do seu corpo você armazena a dor. Você sente. É no peito, no estômago, nos ombros, no que estiver incomodando.

No entanto, se você não tem certeza ou se quer identificar de forma específica onde a dor está, faça a chamada varredura de respiração. Você inspira e expira devagar e sem fazer pausa entre cada respiração. Ao fazer isso, vai perceber que pode encontrar um "nó" ou soluço em algum lugar e, no processo de respirar, vai começar a sentir exatamente em que ponto do corpo está armazenando a tensão.

Quando souber, você pode começar a se concentrar mais nessa sensação, a visualizar o que é, de onde veio e o que ela precisa que você saiba. Muitas vezes nesse cenário nós somos levados a lembranças específicas ou versões passadas de nós mesmos que precisam de ajuda ou orientação. Use um diário para anotar o que você sente e vê, e lembre-se de que o corpo muitas vezes fala em metáforas, então não interprete tudo literalmente.

SUE, SE MOVA, CHORE.

A última, mais difícil e mais importante parte de liberar suas emoções é a única atitude que você tem que tomar... Você deve senti-las.

Às vezes, isso significa se permitir se sentir péssimo. Às vezes, significa se obrigar a treinar musculação, fazer yoga, alongamento, dar uma caminhada ou confrontar aqueles pensamentos que são um gatilho, e se permitir chorar pelo que o incomoda.

Lembre-se de que saúde emocional não é a experiência de estar sempre calmo e feliz. É a experiência de se permitir uma variedade de emoções, boas e ruins, e não ficar preso demais a nenhuma das duas. De forma similar, saúde mental e autocontrole são a capacidade de ver, sentir e vivenciar um pensamento sem reagir a ele. A reação ou falta dela é onde recuperamos nosso poder e retomamos nossa vida.

Você não nasceu para ser perfeito.

Você não nasceu para ser feliz o tempo todo.

Mas, se você conseguir se comprometer a trabalhar para ser integralmente humano e sentir mesmo quando tiver medo todos os dias, é possível transcender de uma forma verdadeiramente linda.

O VERDADEIRO SIGNIFICADO DE CURAR A MENTE

Curar a mente não é a mesma coisa que curar o corpo. Quando está fisicamente ferido, você passa por uma recuperação progressiva e linear. Você melhora até que um dia está praticamente igual a antes.

Curar a mente é bem diferente, porque você não está voltando ao que era antes. Está destruindo quem você era e se tornando alguém completamente novo.

Se isso parece meio violento e radical, essa é a ideia mesmo. A cura não é uma ascensão adorável ao conforto e ao bem-estar, feita para ser vivenciada de uma vez por todas. Curar-se é a coisa mais incômoda, perturbadora e importante que você vai fazer na vida.

Curar-se é voltar ao seu estado mais natural, que tem fome por liberdade pessoal, não se importa com as opiniões sufocantes dos outros, que cria sem ter dúvida, está presente sem medo e ama sem estipulações, concordâncias e condições. Quem você é de verdade é ao mesmo tempo a melhor versão de si que você talvez nunca tenha imaginado e a versão mais essencial de si que você sempre foi.

E chegar lá exige muito esforço.

Curar-se requer que você faça um inventário honesto dos ressentimentos, agressões e dos estoques de desejo e medo que você ignorou durante todo esse tempo. Requer que você avalie exatamente o que há de errado com a sua vida e se dedique a consertá-la. Requer que você seja totalmente honesto sobre o que sente e requer que sinta isso de verdade.

Curar-se exige que você sinta a dor profunda que reside em você em vez de recriar subconscientemente a experiência para ter uma válvula de escape. Curar-se é não tentar mais higienizar sua experiência, limpá-la até ficar perfeita.

Para se curar, é necessário passar pela expressão completa de todas as emoções que você cortou e enterrou quando decidiu que não estava mais à vontade com elas. Curar-se requer que você encare cada gota de escuridão dentro de si, pois, por baixo do que parece ser uma barreira impermeável, há a liberdade completa, radical, total. Quando você não tiver mais medo de sentir, quando não resistir mais a nenhuma parte da sua vida, algo mágico acontece: você encontra a paz.

Sejamos claros: você não vai sofrer para sempre. Isso não vai doer por muito tempo. Mas, enganar a si mesmo imaginando que a cura é melhorar progressivamente até ter resolvido todas as suas experiências passadas e poder voltar à sua versão de antes do trauma... Bom, isso é entender tudo errado.

Nós precisamos passar por períodos que alguns chamam de desintegração positiva. É quando temos que adaptar nossos autoconceitos para nos tornarmos alguém que pode lidar e, melhor ainda, prosperar na situação em que estamos.

Isso é saudável. Isso é normal. É assim que devemos reagir.

Mas nos acovardamos, porque isso é incômodo. Não vai nos dar imediatamente as virtudes do que nos ensinaram que era uma vida que valeria a pena: conforto, tranquilidade e a ilusão de que tudo está aparentemente perfeito.

A cura não é só o que nos faz nos sentirmos melhor mais rápido. É construir a vida certa, aos poucos, com o tempo. É nos parabenizarmos no acerto de contas e admitirmos onde falhamos. É retornar e consertar nossos erros, e voltar para dentro de nós mesmos e resolver a raiva, o medo e a limitação mental que nos levou até aquele lugar.

A cura é tolerar o desconforto da mudança porque você se recusa a aturar a mediocridade por mais um segundo que seja. A verdade é que não há como fugir do incômodo; ele nos encontra onde quer que estejamos. Mas ou nos sentimos incomodados por ultrapassar nossos limites autoimpostos, rompemos barreiras e nos tornamos quem sonhamos ser, ou sentimos o desconforto enquanto remoemos os medos que inventamos para justificar por que nos recusamos a agir.

A cura vai ser difícil no começo. Vai significar olhar para si mesmo de forma honesta, talvez pela primeira vez na vida. Vai significar sair da sua zona de conforto para poder se tornar quem você quer ser. A cura não o deixa confortável e inerte. Ela permite que você se sinta mais motivado pelo desconforto do que temeroso, e que seus momentos de silêncio se tornem mais inspiração do que correntes de preocupação.

A cura vai mudar tudo, mas você precisa iniciar esse processo disposto a sentir o que tem medo de sentir.

Sejamos claros: tornar-se a melhor versão de você é sua herança natural. É o que você nasceu para fazer. A cura é liberar a doença que são as crenças e medos limitantes que estão impedindo que você faça exatamente isso.

A cura não é voltar a quem você era antes, porque aquela pessoa ainda não era capaz de ver a tempestade antes de ela cair e não sabia se proteger dela.

Você não deve voltar a ser ingênuo, menos calejado ou mais desatento. Nem voltar à alegria da ignorância, quando não sabia sobre os contrastes, a dor, tudo de bom e ruim que a vida pode oferecer.

O que você tem do outro lado da cura é maior do que isso; você só não vivenciou ainda para saber. Ao passar por uma experiência dolorosa, você se torna mais resiliente, mais autossuficiente, mais empoderado.

Você percebe que nada vai salvá-lo, e por isso precisa começar o trabalho de salvar a si mesmo, o que é todo o propósito da sua vida.

Quando começa esse esforço, você é capaz de sentir sua força interior. Percebe que tem poder e influência e que pode criar estratégias e redirecionar sua vida. Percebe que sua vida pode ser construída em cima do que você faz em vez do que não pode controlar.

Quando se cura, você fortalece os pontos onde foi ferido. Torna-se equilibrado onde foi egoísta. Torna-se responsável onde foi negligente. Torna-se mais sensível, capaz e consciente. Torna-se mais atencioso, mais empático, mais atento, mais cuidadoso.

Mas o que você não precisa mais sentir é medo.

O medo não vai protegê-lo. É a ação que vai cumprir com esse papel. A preocupação não vai protegê-lo. É a preparação que vai cumprir com esse papel. Pensar demais não vai protegê-lo. É a compreensão que vai cumprir com esse papel.

Quando nos agarramos ao medo e à dor depois de uma situação traumática, fazemos isso como uma espécie de rede de segurança. De forma equivocada, acreditamos que, se nos lembrarmos constantemente de todas as coisas terríveis que não previmos, poderemos evitá-las. Isso não dá certo e também faz com que você reaja aos problemas com menos eficiência quando acontecerem.

Porque, na maior parte do tempo, você está tão ocupado se preocupando com os próprios fantasmas que se esquece de lidar com as coisas reais que vão destruí-lo aos poucos: sua saúde, seus relacionamentos, sua visão de longo prazo, suas finanças, seus pensamentos.

Ao se curar por completo, você para de tolerar o desconforto. Quando algo está errado, você reconhece que está errado e age para consertar porque viu o que acontece quando não age.

Quando se cura por completo, você consegue pensar antecipadamente e considerar a relação de causa e efeito de forma racional. Você reconhece que suas ações vão ter consequências e, se quer controlar melhor os resultados da sua vida, precisa ajustar seus hábitos.

Quando se cura por completo, você percebe que não há nada mais importante do que ser capaz de apreciar onde você está, aqui e agora. Os obstáculos que o impedem de estar presente e saboreando a vida são os desafios que você precisa enfrentar.

Porque a vida é rápida e temporária. Você pode perder amanhã o que tem agora, e se agarrar a tudo que tem não faz com que esteja mais seguro. Só significa que, quando chegar o dia em que isso passar — como tudo e todos passam —, você vai perceber que nunca apreciou a vida de verdade.

A cura é chegar a um lugar onde nada fica acima da qualidade da sua única e curta vida.

SEGUIR EM FRENTE NÃO SIGNIFICA SE VINGAR

Sua melhora pode não ser algo visível para os outros. Pode não parecer uma mudança na superfície.

Em um mundo de vinganças e relacionamentos exibicionistas, um mundo que tenta dizer que sua transformação final precisa ser exibida no Instagram, perdemos a noção do que significa se curar, melhorar e seguir em frente.

A verdadeira melhora não é provar que as pessoas do seu passado estavam erradas. É enfim se sentir tão satisfeito e esperançoso com relação ao futuro que você para completamente de pensar nelas.

Quando quer mudar sua vida apenas para que ela pareça diferente, você ainda está orbitando em torno das opiniões daqueles que não amavam você nem tinham intenção de amar.

Sempre dá para perceber a diferença. As pessoas que se transformaram de verdade não estão preocupadas apenas com a forma como as coisas parecem ser. A vida delas está focada completamente na *sensação* das coisas, em como elas são na realidade.

Uma verdadeira melhora é autêntica. É tirar toda a baboseira que serve de maquiagem e encarar os verdadeiros problemas. É cura. É mudar de vez. É, pela primeira vez, priorizar seu coração em vez do olhar de outra pessoa.

Qualquer um pode manipular uma imagem para que pareça melhor. Qualquer um pode editar, colocar um filtro e posicionar uma imagem ao lado da outra para criar uma narrativa, uma história, algo que se assemelhe ao todo. Qualquer um pode comprar beleza e ficar mais bonito se tentar de verdade e qualquer um pode lhe convencer de que está se saindo melhor do que realmente está.

Se a pessoa estiver tão dedicada a provar isso, deve ser porque ela ainda está muito vazia por dentro.

E se você não estivesse preocupado em parecer maior, menor, mais bonito ou melhor do que dez anos atrás?

E se você estivesse mais preocupado em ter respeito por si mesmo, relacionamentos reais, liberdade emocional, clareza mental, um emprego de que goste, um trabalho que você respeita, uma disposição mais gentil e mais empática?

E se as suas realizações não fossem algo que você pode fotografar ou medir, não fossem comunicáveis por pixels e atualizações de status? Como você está se sentindo hoje? Melhor do que ontem? Mais inteiro, mais confiante?

A verdade é que não tem antes e depois na vida. Estamos sempre no processo de deixar o que não nos serve para trás e nos tornarmos outra pessoa. Aquele momento fotográfico que você está esperando, aquela ocasião em que alguém ousa olhar para a frente de novo e finalmente vê que você está prosperando... é um jogo só para você.

Ninguém está olhando para você do jeito que você imagina. Ninguém está pensando em você do jeito que você gostaria que estivesse. As pessoas estão olhando para si mesmas. Estão pensando nelas mesmas.

Elas estão lendo a elas mesmas.

Isso não é triste, é libertador. E deve ser o ponto crucial da sua libertação final.

A verdade é que você não precisa provar que ninguém estava errado além de si mesmo. As pessoas do seu passado provavelmente não o reprovariam tanto quanto você tinha medo de que reprovassem.

Esse encerramento é para você. Esse crescimento é para você. Essa mudança é sua. É você contra você, você encontrando você, você vendo a si mesmo pela primeira vez. É você se tornando quem sabe que pode ser. É você finalmente alcançando seu potencial.

Mas, acima de tudo, é você reconhecendo que não era seu melhor eu antes.

Você não se comportou como gostaria de ter se comportado.

Não fez o que deveria ter feito.

Não foi o que queria ter sido.

Sempre que queremos desesperadamente provar que alguém está errado, estamos tentando muito sufocar nossa decepção duradoura de não termos atendido nossas expectativas.

Então, lembre-se disto: na próxima vez que você estiver tentando elaborar uma história de melhora que seja atraente para os outros, pergunte-se por que ainda está esperando a aprovação deles.

A resposta, quase sempre, é que você ainda não tem a sua.

CAPÍTULO 6

CONSTRUINDO UM NOVO FUTURO

AGORA QUE VOCÊ TEM o trabalho desafiador de começar a superar suas experiências do passado, precisa focar na construção de um novo presente e um novo futuro. Quando superamos o passado, estamos limpando uma lousa para criar algo melhor.

Uma das armadilhas mais comuns daqueles que tentam, mas não conseguem, superar o passado é se concentrar só nisto: no passado. O trabalho agora é visualizar quem você quer ser, conectar-se com a versão mais poderosa de si mesmo, planejar sua vida por meio da rotina diária e descobrir seu verdadeiro propósito de ser.

ENCONTRE SEU EU FUTURO COM MAIOR POTENCIAL

Uma ferramenta popular em psicoterapia é a chamada cura da criança interior,[15] ou o processo de imaginar e se reconectar com seu eu mais jovem. Nele, você pode oferecer orientação a si mesmo, voltando a certos eventos traumáticos e lidando com eles de novo com a sabedoria que tem agora.

Porém, com mais frequência, o processo de se reconectar com sua criança interior é deixar que ela se comunique com você. É como você pode redescobrir desejos, paixões, medos e sentimentos inerentes.

O processo é similar à engenharia reversa, quando você identifica os objetivos finais da sua vida e faz o caminho inverso para ver o que precisa fazer cada dia, semana, mês e ano para chegar lá. Entretanto, o oposto também funciona. Você pode usar uma técnica de visualização para se conectar com seu eu futuro de maior potencial.

PRIMEIRO PASSO: ENCARE O MEDO PRIMEIRO

Sente-se em um lugar tranquilo com um diário. Faça isso em um momento de relaxamento, quando estiver aberto a receber orientação. Se estiver com medo, vai encontrar medo.

Em seguida, feche os olhos e comece uma meditação. Leve alguns segundos respirando profundamente e se centrando. Imagine-se sentado a uma mesa confortável em um aposento bem iluminado, em algum lugar em que você esteja feliz, e sinta-se em paz.

Depois, convide seu futuro eu para se sentar com você e conversar. Você pode pedir que seja de uma certa idade, mas em geral a idade fica clara quando seu futuro eu aparece.

Peça que a versão mais elevada possível de si mesmo venha se sentar. Se você vir algo assustador de primeira, saiba que é seu medo do que poderia acontecer se manifestando na sua mente, não o que vai acontecer de verdade.

Quando superar isso, você pode começar a receber conselhos.

SEGUNDO PASSO: REPARE COMO É A APARÊNCIA DO SEU FUTURO EU

À parte o que você imagina que essa versão de si mesmo contará, preste atenção à aparência dela, como se comporta e o que as expressões faciais comunicam.

O objetivo do exercício do eu futuro é poder se mesclar com esse aspecto de si. Você quer visualizar claramente a versão mais ideal de si, para poder saber como sua vida precisa crescer, se alterar e mudar.

Veja o que essa versão usa, o que sente, o que faz a cada dia. Essas serão as chaves da sua própria transformação.

TERCEIRO PASSO: PEÇA ORIENTAÇÃO

Se entrar nesse processo com uma lista de perguntas assustadoras e enormes para seu futuro eu responder, você vai acabar tomado pelo pânico em vez de se abrir para receber uma orientação poderosa.

Portanto, mantenha-se aberto a qualquer coisa que essa pessoa queira compartilhar. As mensagens devem ser positivas, animadoras, afirmadoras e úteis. Mesmo que comuniquem algo como *você precisa terminar esse relacionamento*, isso deve acontecer de uma forma que seja tão tranquilizadora e segura que o deixará confiante e em paz com a sugestão.

QUARTO PASSO: IMAGINE-O ENTREGANDO AS "CHAVES" DA SUA NOVA VIDA

Outro exercício poderoso feito com seu eu futuro é se imaginar sentado com o seu eu de três, cinco ou até sete anos antes. Tem que ser próximo o suficiente para você poder se identificar com essa pessoa, mas distante o suficiente para você ter mudado.

Imagine-se em um espaço que você frequentava ou morava. O que você vai fazer agora é entregar para essa pessoa as peças da sua vida atual e todas as informações de que ela vai precisar para ir de quem é até quem você é agora.

Você pode entregar a chave do seu carro, sua conta de e-mail do trabalho, sua conta bancária, uma roupa ou instruções sobre o que fazer em termos de carreira, relacionamento ou hábitos diários.

Ou você pode imaginar seu eu futuro lhe dando aspectos da sua vida agora. Imagine-o entregando a chave da casa onde você mora agora, sua aliança de casamento ou qualquer outra coisa que faça parte da sua vida futura mais elevada possível.

Lembre-se de que esse processo deve fazê-lo se sentir calmo, tranquilo e mais seguro, não o oposto. O medo é uma alucinação, um truque de sua mente e de seu interior. Seu futuro eu pode se manifestar e lembrar a você tudo que é possível e dar poder para que você viva com certeza, clareza e graça.

LIBERTE SEU PASSADO NO CAMPO QUÂNTICO

Quando algo assustador acontece e você não supera esse medo, isso se torna um trauma.

O trauma é a experiência de se desconectar de uma fonte fundamental de segurança. Acontece de forma mais severa quando nosso apego aos nossos cuidadores primários é comprometido. Mas, na verdade, há um número infinito de jeitos pelos quais o mundo pode traumatizar você, e em vários graus.

Há muitas teorias sobre o que é trauma e de onde ele vem. Alguns acreditam que é transmitido fisicamente pelo DNA.[16] Outros argumentam que é compartilhado mental e emocionalmente por padrões e observações aprendidas. Porém, o mais comum é a crença de que o trauma é uma experiência interpessoal na qual fomos desafiados e não tínhamos as habilidades e os mecanismos de enfrentamento para encarar o desafio.

Não importa de onde veio; se tem algum tipo de trauma prolongado, você vai saber, porque vai sentir. Vai sentir fisicamente no corpo. Vai sentir ansiedade, tensão, medo, pavor, tristeza ou culpa. Vai ser deslocado. Não vai ter uma causa clara e direta. Você vai reagir de forma exagerada a certas coisas e, mesmo quando um problema estiver resolvido, você ainda assim vai entrar em pânico. Essa é a marca de um trauma.

O TRAUMA NÃO ESTÁ NA SUA CABEÇA. ESTÁ NO SEU CORPO.

Esse é o primeiro e mais importante conhecimento que você precisa ter para superá-lo: o trauma é uma questão física legítima. Você armazena essas emoções, energias e padrões em nível celular.

Felizmente, nós podemos usar as ondulações na superfície da água para rastrear o problema no fundo. Você pode começar a usar seu corpo para ajudar na sua cura.

PRIMEIRO, IDENTIFIQUE O QUE CAUSOU A EXPERIÊNCIA TRAUMÁTICA

Você pode fazer isso ao sentir em seu âmago e observar onde está retesado ou tenso. Nosso corpo se enrijece para nos proteger. Quando quebramos a perna, nossa fáscia se aperta como um gesso natural, para não nos curvarmos naquela direção de novo. Da mesma forma, quando temos uma decepção amorosa, nossas emoções se retesam, para não nos permitirmos sentir de novo.

Claro que, em algum momento, temos que andar. Temos que amar. Temos que vivenciar a vida de novo. Precisamos amolecer aos poucos as partes de nós que estão tentando nos proteger para podermos seguir em frente.

Curar um trauma não é só questão de psicanalisá-lo. É questão de trabalhar nele fisicamente, de forma literal. Na próxima vez que você reagir de forma extrema a algum tipo de estímulo, vai reparar que seu corpo está começando a ficar tenso e criar uma reação de luta ou fuga. Para se curar disso, você precisa se obrigar a respirar profundamente e se acalmar, até que a parte do seu corpo que antes estava tensa fique relaxada de novo.

Você vai precisar se acalmar sozinho de diferentes formas: meditando, fazendo exercícios de respiração, bebendo muita água, dormindo bastante, usando aromaterapia, fazendo terapia de som ou o que der certo para você.

Você precisa trabalhar para tirar fisicamente seu cérebro e seu corpo do modo de pânico e sobrevivência.

EM SEGUNDO LUGAR, RESTABELEÇA UMA SENSAÇÃO DE SEGURANÇA.

Você está traumatizado porque algo o assustou e você está convencido de que essa coisa ainda "está atrás de você". É isso que acontece quando não enfrentamos ou superamos algo difícil — nós supomos que a ameaça nos acompanha para sempre.

O aspecto fisiológico da cura de um trauma é que você precisa restaurar a conexão que foi partida da mesma forma como ela foi rompida.

Se seu trauma é com relacionamentos, você precisa construir relacionamentos saudáveis. Se seu trauma é com dinheiro, você precisa melhorar gradualmente sua relação com dinheiro. Se seu trauma é com viagens, você precisa voltar a viajar.

Nós não encontramos resolução ao evitar essas coisas para sempre. Na verdade, por baixo do medo, muitas vezes descobrimos que essas são as coisas que queremos mais do que tudo.

EM TERCEIRO LUGAR, PARE DE ACREDITAR EM PENSAMENTOS E SENTIMENTOS CEGAMENTE.

Por fim, para superar um trauma, você precisa parar de se dedicar a pensamentos psíquicos. Você tem que parar de fingir que consegue prever o que vai acontecer, que sabe as intenções das outras pessoas ou que o que você sente e pensa é a verdade absoluta.

Esse tipo de pensamento transforma um gatilho em uma espiral de derrota. Você transforma algo assustador em uma previsão do futuro.

Você não é um oráculo. Não sabe o que vem depois, embora seja sempre capaz de escolher o que vai fazer agora. Quase sempre, a coisa que mais provoca pânico é algo que você não tem certeza se vai acontecer. Costuma ser uma suposição, uma projeção, um medo transformado em uma apavorante e possível realidade.

Você pode achar que traumas são coisas que outras pessoas mais machucadas têm, mas isso não é verdade. Todo mundo tem algum tipo de trauma, mas é a forma como reagimos a ele, como conseguimos crescer e desenvolver autocontrole a partir dele que determina o rumo da nossa vida.

TORNE-SE A VERSÃO MAIS PODEROSA DE SI

Você está sendo a versão mais poderosa de si?

Se você precisou parar para pensar, a resposta deve ser não.

Todo mundo tem facetas diferentes da personalidade, e agimos com base no contexto em que estamos inseridos. É uma ferramenta de adaptação social: você não é a mesma pessoa com seus amigos e com seus pais. Transitar por esses ambientes com facilidade é sinal de função psicológica alta.

Nós conhecemos as versões de nós mesmos de que nossa vida atual precisa. Sabemos quem precisamos ser no trabalho, em casa ou no amor. Mas muitas vezes não conhecemos a pessoa que precisamos ser para fazer nossa vida avançar.

Na "cura da criança interior", você visualiza e se dirige às suas versões mais jovens, muitas vezes de uma idade específica, dependendo de que versão sua foi traumatizada. Você se comunica com aquele eu da criança interior, aprende com ele, o protege ou lhe dá a orientação de que precisava quando era jovem.

Isso acaba curando as pessoas de forma profunda, principalmente porque nós não evoluímos além dos nossos eus antigos, nós apenas crescemos mais que eles.

No entanto, essa prática também pode funcionar na direção contrária. Você também pode visualizar e se conectar com seu eu futuro — a versão de si mesmo para a qual está crescendo ou a pessoa que você sabe que deve ser.

O QUE MEU EU MAIS PODEROSO FARIA HOJE?

O primeiro passo para se tornar seu eu mais poderoso é literalmente visualizar essa pessoa. Mas não se tire do seu contexto atual. Comece a se perguntar: o que a versão mais poderosa de mim faria agora? O que faria com este dia? Como reagiria a esse desafio? Como seguiria em frente? Como pensaria? O que sentiria?

Seu eu mais poderoso precisa ser o CEO da sua vida, precisa ser a pessoa tomando decisões gerenciais, governando todo o resto. É o editor-chefe, a matriarca ou o patriarca. Você está trabalhando para o seu eu mais poderoso.

Quando tiver uma imagem mais clara de como seu eu mais poderoso é, você precisa avaliar quais hábitos, características e comportamentos o estão impedindo de incorporar essa pessoa por completo.

FIQUE CIENTE DAS SUAS FRAQUEZAS

Pessoas poderosas não são iludidas. Não acreditam que são perfeitas o tempo todo em tudo. Não é isso que as torna mentalmente fortes. Na verdade, as pessoas poderosas estão muito cientes das forças e fraquezas que têm.

Nos negócios, as pessoas poderosas muitas vezes delegam as tarefas em que têm menos habilidade. Na vida, as pessoas poderosas sabem onde estão seus limites e quais podem ser seus gatilhos. Isso permite que elas vivam com mais tranquilidade e que se deem o tempo e o espaço necessários para trabalhar em seus defeitos.

A capacidade de dizer para si mesmo "Eu sei que tenho muita dificuldade com isso, então vou tirar um tempo para trabalhar nisso" é uma das coisas mais poderosas que você pode fazer.

ESTEJA ABERTO A NÃO GOSTAREM DE VOCÊ

Pessoas poderosas não costumam ser apreciadas por todos.

Também não buscam a aprovação dos outros, e essa é a chave.

Para ser alguém verdadeiramente poderoso, você precisa estar disposto a não gostarem de você. Isso não quer dizer que deva se comportar de forma maldosa, mas que, não importa o que você faça, os outros vão julgá-lo. As pessoas poderosas sabem disso. Não há caminho na vida que possa ser tomado que seja livre da resistência dos outros, então é importante que você não só aceite que não gostem de você, mas que preveja e aja independentemente disso.

AJA COM PROPÓSITO

Ter poder e ter propósito andam de mãos dadas.

Para ser alguém poderoso de verdade, você precisa ter convicção total e inabalável sobre o que quer criar. Assim, é necessário que sua mentalidade mude de "viver para o momento" para "viver para o legado".

Seu propósito é algo dinâmico, que evolui. Na maior parte do tempo, fica na interseção do que interessa a você, aquilo em que você é bom e do que o mundo precisa. Ter uma visão clara do que você quer criar e realizar é essencial para encontrar sua força interior. Você não vai ter sentimentos fortes por um sonho que não seja parte de quem você é na essência.

FAÇA SEU TRABALHO INTERIOR

Essa talvez seja a parte mais importante, porém a mais ignorada, porque é a menos confortável.

Fazer seu trabalho interior significa avaliar por que algo foi um gatilho para você, por que algo o incomoda, o que sua vida está tentando mostrar e as maneiras como você poderia crescer a partir dessas experiências. Indivíduos verdadeiramente poderosos absorvem as situações que aconteceram com eles e, de certa forma, as metabolizam. Usam como oportunidade para aprender, para se desenvolver. Esse tipo de trabalho mental e emocional interior não é negociável se você quiser ser poderoso de verdade.

As pessoas poderosas não são as mais agressivas; a agressão costuma ser um mecanismo de autodefesa. Pessoas poderosas são as que menos se abalam por perturbações menores e as mais dispostas a processar integralmente e trabalhar nas perturbações grandes.

Claro que esses são os aspectos fundamentais. Em seguida, você precisa se dedicar a simplificar a sua vida, falar menos sobre suas ambições e mostrar mais suas realizações quando são alcançadas. Fazer melhorias de saúde aos poucos.

Supor que todo mundo, e tudo, tem algo a ensinar. Ficar à vontade com a vulnerabilidade, pois ela precede quase todas as partes significativas da sua vida. E, por fim, elaborar sua rotina diária com intenção.

Durante tudo isso, você deve pensar como seu eu mais poderoso pensaria. Ao aprender a ver o mundo e a sua vida por essa lente, você poderá criar uma vida que reflita as intenções desse seu lado. Ele já existe; você só precisa saber como acessá-lo.

APRENDA A VALIDAR SEUS SENTIMENTOS

Se queremos ser eficientes na terapia, na política, nos relacionamentos, em ensinar crianças, em convencer alguém a não desistir de tudo, em manter a paz, em fazer amigos, em criar conexões e em fazer progresso, há uma técnica que precisamos empregar primeiro.

É um segredinho e exige pouco esforço. Mas desarma as pessoas. Abre-as, deixa-as receptivas, dispostas a ouvir e se adaptar. É curativo e altera a mente, porém, o mais importante é que esse é o primeiro passo para o progresso. É a validação emocional.

Validar os sentimentos de uma pessoa não significa que você concorda com ela. Não significa que você admite que o outro está certo. Não significa que os sentimentos são os mais saudáveis; não significa que são baseados em lógica. Validar sentimentos não significa que você os torna mais verdadeiros; significa que você lembra ao outro que é humano sentir coisas que nem sempre ele entende.

Com que frequência nós precisamos que alguém pare de oferecer soluções e simplesmente diga *Isso deve ser uma droga*?

Quanto peso é tirado dos nossos ombros quando pensamos: *Sim, estou muito estressado agora, mas mereço mesmo estar?*

O quanto nos sentimos leves quando vemos a história de outra pessoa em uma tela, uma narrativa com a qual nos identificamos e que entendemos, por mais triste que seja?

O quanto nos sentimos melhor quando simplesmente nos permitimos ficar chateados, irritados e irracionalmente furiosos?

Quando nos permitimos sentir, algo incrível acontece. Nós não precisamos mais descontar nos outros, porque não estamos mais contando com a validação deles para passar por cima do sentimento.

Nós podemos ficar chateados, irritados, furiosos e ainda assim digerir a situação sem magoar ninguém.

Quando gritam ou cometem exageros na vida, as pessoas não estão só pedindo ajuda. Muitas vezes, estão pedindo que alguém afirme que está tudo bem sentir o que elas sentem. E se precisarem inflar e exagerar as circunstâncias para você sentir de verdade o peso e impacto delas, então elas farão isso. Farão o que for necessário para fazer outra pessoa dizer *Sinto muito pelo que você está passando*. Não é porque elas são incompetentes ou burras. É porque, em um mundo que não nos ensina como processar nossos próprios sentimentos de forma adequada, muitas vezes precisamos contar apenas com mecanismos de enfrentamento inadequados.

Quando não conseguimos validar nossos próprios sentimentos, entramos em uma busca infindável para tentar obrigar os outros a fazerem isso por nós. Contudo, isso nunca dá certo. Nós nunca conseguimos aquilo de que precisamos.

Isso parece uma necessidade de atenção, afirmação, elogios. Mas também parece dramático, negativo e ser um foco desproporcional no que tem de errado em nossa vida.

Quando alguém reclama de algo simples — e parece estar fazendo mais do que a situação pede —, a pessoa não está tentando conseguir sua ajuda para uma questão pequena. Ela está tentando fazer com que os próprios sentimentos sejam validados.

Essa também é uma base comum para comportamentos de autossabotagem. Às vezes, quando acumulamos poços profundos de dor dentro de nós, não conseguimos nos permitir relaxar e apreciar nossa vida e relacionamentos. Não conseguimos simplesmente "nos divertir", porque fazer isso parece traição. Parece ofensivo. Nós precisamos nos sentir validados, mas nem sabemos por quê.

POR QUE ISSO É EFICAZ?

Pense nos seus sentimentos como água correndo por dutos no seu corpo. Seus pensamentos determinam se os dutos estão limpos ou não. Sua limpeza determina a qualidade da água.

Se de repente você tem um sentimento do qual não gosta e que não espera — um fluxo súbito de água, digamos —, é comum querer fechar essa válvula e não permitir que ele passe. No entanto, impedir o fluxo da água não faz a água sumir. Na verdade, ela começa a fazer uma pressão intensa e a causar danos graves nas partes do seu corpo que não estão recebendo o fluxo. Isso começa a ter um efeito cascata na sua vida inteira.

Às vezes, a água se dispersa gradualmente. Em outras, implode e cria o que vemos na superfície como colapso nervoso. Quando toda essa água enfim passa e nós sofremos, choramos e desmoronamos, passamos por um processo de reinicialização. É uma desintegração positiva: ficamos arrasados, mas, ao mesmo tempo, nos sentimos melhor quando acaba.

Nessa implosão, seus sentimentos foram validados quando você se permitiu senti-los — porque não teve escolha. É isso que fazemos em terapia. É isso o que fazemos quando desabafamos. É isso que acontece quando passamos por uma catarse. Um filme triste que nos faz sentir uma tristeza legítima e da qual gostamos, nos permitindo sentir tristeza em um mundo que, de um modo geral, não permite isso.

Mas há um jeito mais saudável e mais fácil, que é aprender a processar nossos sentimentos em tempo real.

"Validar seus sentimentos" parece um termo importante, mas significa uma coisa só: permitir-se tê-los.

Quando você está se curando de um trauma, um grande componente disso muitas vezes é se permitir vivenciar a expressão total de uma emoção. Você já deve ter feito isso no passado. Pense na morte de um parente que você amava, mas ao qual não era apegado demais. Quando você soube da morte, ficou triste, sem dúvida alguma. Mas não foi ao enterro, não chorou por uma hora e depois seguiu a vida como se nada tivesse acontecido.

Em vez disso, você talvez tenha sentido um pouco de tristeza na ocasião, mais um pouco no dia seguinte e uma semana depois. As ondas de dor vieram e foram embora com intensidade variada. Quando não resistiu a elas, você chorou e se sentiu triste, ou talvez tenha tirado um cochilo, tomado um banho quente ou tirado um dia de folga no trabalho.

E aí, sem muito esforço da sua parte, o sentimento passou e você se sentiu melhor.

Quando temos uma emoção e a reconhecemos, muitas vezes ela vai embora sozinha. Se não há um caminho de ações a serem tomadas — se a única coisa que precisamos fazer é aceitar a emoção —, só precisamos nos permitir estar presentes.

O motivo para não fazermos isso de forma mais natural é que não podemos cair no choro à mesa de trabalho sempre que nos sentimos incomodados com algo. Desligar a válvula de água é válido, desde que possamos ir para casa depois e deixar fluir. Tudo bem controlar quando e onde processamos emoções e, na verdade, é melhor quando aprendemos a fazer isso em um espaço mais estável e seguro.

Isso pode ser como tirar alguns minutos do dia para escrever pensamentos aleatórios num diário, passar sozinhos um tempo em que possamos simplesmente vivenciar o que sentimos, sem julgamento e sem tentar mudar as emoções. Pode ser algo tão simples quanto nos permitirmos chorar antes de dormir. Muitas vezes, achamos que isso é um sinal de fraqueza, mas, na verdade, a capacidade de chorar livremente é um sinal enorme de força mental e emocional. Quando não conseguimos chorar pelo que está errado de verdade na nossa vida, temos um grande problema.

Validar o que outra pessoa sente é um exercício de empatia. É começar uma conversa com: "Tudo bem se sentir assim." Porque, quando apontamos que a forma como o outro se sente está errada, ele se fecha. E se fecha porque sente vergonha. O outro já sabe que não é certo sentir o que sente. Ao começar a conversa colocando alguém na defensiva ou fazendo-o sentir pânico e se reprimir ainda mais, você piora a situação.

Mas começar fazendo com que a pessoa se lembre de que qualquer um naquela situação talvez sentisse a mesma coisa, e que é bem possível que ela tenha emoções fortes e sufocantes que não necessariamente signifiquem que sua vida está destruída, e que tudo bem se sentir arrasada quando coisas terríveis acontecem, alivia a sua carga. Nós sabemos disso porque, quando paramos de resistir à tristeza e nos permitimos ficar tristes, percebemos que aquilo não vai durar para sempre. Vemos que, às vezes, o maior problema não é estarmos arrasados, mas que, ao nos recusarmos a aceitar o que está na nossa frente, criamos muito mais sofrimento do que sentiríamos se chorássemos quando necessário.

Validar as outras pessoas também nos ensina como nos validar. E, quando aprendemos a nos validar, ficamos mais fortes. Vemos que as nossas emoções não são mais ameaças, mas informantes. Elas nos mostram aquilo de que gostamos, o que queremos saborear e o que queremos proteger. Elas nos lembram que a vida é passageira, desafiadora e linda. Quando estamos dispostos a aceitar a escuridão é que encontramos a luz.

ADOTE SEUS PRÓPRIOS PRINCÍPIOS

Se você se sente perdido, sem saber para onde quer que sua vida vá, ou, pior, tem medo de que tudo que construiu desmorone, você não precisa de mais inspiração. Não precisa de mais pensamento positivo.

Quando tem problemas com dinheiro, você precisa de princípios financeiros.

Quando tem problemas de relacionamentos, precisa de princípios amorosos.

Quando tem problemas de emprego, precisa de princípios de trabalho.

Quando tem problemas de vida, precisa de princípios de vida.

Mais dinheiro não resolve problemas financeiros. Relacionamentos diferentes não resolvem problemas amorosos. Um emprego novo não resolve problemas de trabalho. Sua vida futura não vai resolver seus problemas de vida.

Isso porque ter dinheiro não torna você bom com dinheiro. O amor não faz você se amar. Relacionamentos não tornam você bom em relacionamentos. O trabalho não torna você bom no seu emprego, nem capaz de equilibrar trabalho e vida pessoal.

Problemas não fazem de você alguém mais forte, a não ser que você mude e se adapte. A variável aqui é você. O denominador comum é se você muda ou não sua perspectiva fundamental do mundo e como você se comporta nela.

Sejamos bem claros: alguém que ganha 42 mil dólares por mês pode ter dívidas tão sérias e tanta dificuldade quanto alguém que ganha 4,2 mil por mês. Na verdade, isso acontece com mais frequência do que se pensa. Quem ganha menos precisa aprender a gerenciar melhor o dinheiro, e quem ganha mais acha que pode fugir de princípios por causa da quantia que recebe.

Você pode estragar seu relacionamento dos sonhos tão depressa quanto pode pisar na bola com alguém novo, porque a forma como você se relaciona com os outros é uma questão sua, não algo que muda dependendo de você conhecer ou não a pessoa mais perfeita, aquela que nunca deflagra sentimentos ruins nem o irrita e se relaciona com você com uma visão positiva incondicional.

Você pode ser igualmente infeliz no seu emprego dos sonhos, com horário perfeito e salário no valor mais desejado se não souber equilibrar o tempo, se relacionar com os outros no ambiente de trabalho ou impulsionar a carreira. Aqueles que estão "vivendo seus sonhos" e "seguindo suas paixões" podem ser tão infelizes quanto os que não estão.

Se você não tem princípios, sua vida não vai melhorar. Os problemas só vão segui-lo e ficar maiores no decorrer de sua vida.

As coisas boas que acontecem em nossa vida são como uma lupa. Elas nos mostram em que área ainda precisamos evoluir. O verdadeiro amor nos mostra para nós mesmos. O dinheiro nos mostra para nós mesmos. Os empregos dos sonhos nos mostram para nós mesmos. O bom, o ruim, o que precisa desesperadamente mudar agora mesmo.

Se não tem princípios agora, você não vai ter depois. Se não tem o princípio do dinheiro de viver dentro das suas possibilidades, não vai conseguir fazer isso quando tiver mais dinheiro. Se você não tem o princípio amoroso de não depender dos outros para saber quem você é, isso não vai se resolver magicamente quando conhecer a "pessoa certa"; você só vai sabotar esse relacionamento também.

O QUE É UM PRINCÍPIO?

Um princípio é uma verdade fundamental que você pode usar para construir a base da sua vida. Um princípio não é uma opinião nem uma crença. Um princípio é uma questão de causa e efeito.

Princípios podem ser diretrizes pessoais.

Alguns exemplos de princípios de dinheiro são os seguintes: manter os gastos fixos baixos, sair e se manter sem dívidas, viver dentro das suas possibilidades ou guardar dinheiro para um imprevisto.

Muitos especialistas em finanças defendem priorizar a amortização de dívidas como o começo da saúde financeira. Isso porque um dia de juros acumulados provavelmente não vai ter grande impacto. Mas vinte anos vão, até chegar ao montante de dezenas de milhares de dólares, ou mais.

Da mesma forma, um dia de juros ganhos com investimentos não vai fazer grande diferença. Mas vinte anos vão, em uma margem até mais significativa.

O objetivo de ter princípios é o que leva você de sobrevivência em curto prazo a prosperidade em longo prazo.

A maior parte da nossa vida é governada por princípios. Stephen Convey explica isso muito bem: princípios são uma lei natural, como a gravidade. É diferente de um valor. Valores são subjetivos; princípios são objetivos.[17] "Nós controlamos nossas ações, mas as consequências que fluem dessas ações são controladas por princípios", diz ele.

Isso significa que, se estivermos comprometidos com o princípio de comer alimentos saudáveis todos os dias, vamos inevitavelmente colher o benefício de uma saúde melhor ou melhorada. Se escrevermos uma frase por dia durante muitos, muitos anos, vamos inevitavelmente escrever uma obra maior. Se nos comprometermos a pagar uma parte das nossas dívidas todo mês, vamos inevitavelmente equilibrar o orçamento. Se investirmos de forma consistente e sábia, vamos acabar tendo retorno.

Nossa vida é governada por princípios, como Benjamin Hardy explica: "A maioria das pessoas se mata de estudar de véspera para as provas na faculdade. Mas dá para fazer isso se você for fazendeiro? É possível se esquecer de plantar na primavera, ficar relaxando no verão todo e se matar de trabalhar no outono? Claro que não. Uma fazenda é um sistema natural governado por princípios."[18]

Assim como você.

"A lei da colheita sempre funciona. Você precisa colher o que planta. Além disso, o que você planta de forma constante ao longo do tempo acaba gerando uma colheita composta ou exponencial. Muitas vezes, você não vivencia as consequências das suas ações imediatamente, e isso pode enganá-lo. Se você fumasse um cigarro, é provável que não tivesse câncer. Se gastasse dez dólares em café só um dia, isso talvez não afetasse sua vida financeira. No entanto, ao longo do tempo, esses hábitos têm resultados drásticos. Dez dólares por dia por cinquenta anos com juros compostos de 5% totalizam 816 mil dólares."[19]

Quando você faz um investimento, não espera ver retorno em um dia. Da mesma forma, você pode ir dormir satisfeito por ter colaborado com seu futuro só por ter aderido aos seus princípios.

Pequenas atitudes repetidas ao longo do tempo se tornam feitos extraordinários.

POR QUE INSPIRAÇÃO É INEFICIENTE?

Inspiração pode enganar. Sonhos grandes que não sejam sustentados por planos estratégicos são enormes fracassos esperando para acontecer.

Inspiração é pegar um sentimento e pensar sobre ele. Você permite que sua mente vague. Você monta cenários bonitos e cria uma imagem de como gostaria que sua vida fosse.

Princípios são chatos. Não são inspiradores. São as leis da natureza.

Princípios não geram gratificação imediata.

Eles não nos fazem nos sentir melhor na mesma hora.

É por isso que muitas vezes procuramos inspiração, mas descobrimos que ela é ineficaz. Isso porque botamos a cabeça e o coração numa ideia vaga do que pensamos que queremos sem nunca avaliar de verdade se queremos ou não nos engajar no trabalho e esforço diários necessários para chegar lá.

Quando não juntamos inspiração aos princípios necessários para alcançar esses sonhos, ficamos mais perdidos e decepcionados do que nunca.

COMO COMEÇO A DESENVOLVER MEUS PRINCÍPIOS?

Ninguém nasce com princípios excelentes; isso é algo que se aprende.

No entanto, há muitos princípios diferentes na vida, e alguns podem contradizer outros. É por isso que é importante adotar princípios que caibam nos seus objetivos e na sua vida.

COMECE COM O SEGUINTE:

- O que você valoriza? Com o que se importa de verdade?
- Que sentimentos quer ter na vida?
- O que o deixa preocupado ou provoca ansiedade?

AS RESPOSTAS PODEM SER ALGO COMO:

Eu valorizo relacionamentos e, por princípio, vou priorizá-los quando tiver oportunidade. Por outro lado, por princípio, eu valorizo relacionamentos honestos e positivos, e não vou mais ficar no limbo dos namoros; a não ser que alguém se comprometa dentro de um período razoável, vou considerar qualquer hesitação como um "não".

Talvez você valorize liberdade financeira e, por princípio, junte dinheiro extra para amortizar uma dívida ou fazer uma poupança ou investimento. Talvez você valorize viagens e liberdade e, por princípio, comece a trabalhar por conta própria e sempre priorize poder trabalhar de forma remota ou fazer seu próprio horário.

Quando você sabe claramente quais são seus princípios, pode construir sua vida a partir de um lugar genuíno e saudável. Pode começar a se dedicar a atingir objetivos que sustentem o que você quer e não quer vivenciar, que vão tornar você a versão mais calma e feliz de si mesmo.

Uma boa vida se constrói de dentro para fora e é baseada em um fundamento de conduta própria e priorização. Não é algo tão sonhador quanto um mapa mental, mas é bem mais eficiente.

ENCONTRE SEU VERDADEIRO PROPÓSITO

Quando se vive em um mundo que está sempre dizendo para seguir seu coração, confiar nos seus instintos, largar seu emprego de carteira assinada e fazer o que ama, pode ser desanimador não saber por onde começar. Quando você começa a pensar que não sabe o que fazer da vida, o que você realmente quer dizer é que ainda não sabe quem é.

Encontrar seu propósito não é necessariamente uma questão de perceber que você foi destinado a viver em um mosteiro ou dedicar sua vida a uma vocação ou objetivo singular. Seu objetivo não é um emprego, um relacionamento, nem um campo profissional. Seu objetivo é, acima de tudo, simplesmente estar aqui. Sua existência mudou o mundo de uma forma que é invisível para você. Sem você, nada existiria como é agora. É importante entender isso, porque, se começar a acreditar que seu propósito de estar vivo é um trabalho ou papel específico que desempenha em casa, o que acontece quando você se demite ou se aposenta, ou quando seus filhos crescem e você não é mais pai ou mãe?

Você vai afundar porque vai ter uma sensação falsa de que aquele era seu único motivo para existir.

Seu propósito hoje pode ter sido sorrir para alguém quando a pessoa estava mal. Seu propósito esta década pode ser o emprego que você tem. Quando percebe que está sempre causando impacto no mundo ao seu redor, você começa a se dar conta disto: a coisa mais importante que você pode fazer para viver de forma significativa é investir em si mesmo. Tornar-se, de forma consciente, a versão mais feliz, gentil e graciosa de si mesmo.

Saber seu propósito também não quer dizer necessariamente que sua vida vai passar a ser fácil, nem que você sempre vai saber o que fazer. Na verdade, quando você está na sua jornada de forma genuína, o futuro não é claro, porque, se for, significa que você está seguindo o planejamento de outra pessoa.

Dito isso, quando a maioria das pessoas questiona seu propósito, elas costumam estar se referindo à carreira e ao emprego. Sua carreira não é um nada. É como você vai passar a maior parte do seu dia, todos os dias, pela maior parte da sua vida. É por isso que descobrir como você pode servir melhor ao mundo por meio disso torna os dias longos e os momentos difíceis suportáveis.

Seu propósito de vida é o ponto em que suas habilidades, interesses e o mercado se cruzam.

Você é o diagrama do seu futuro. Tudo que você é, tudo que vivenciou, tudo em que é bom, todas as circunstâncias em que se encontrou, tudo pelo que é apaixonado... nada disso é aleatório; é um reflexo de quem você é e um sinal do que veio fazer aqui.

No entanto, ficar ciente de si mesmo não é tão fácil quanto parece. Você pode ainda estar pensando que não sabe direito em que é bom, ou que é mais apaixonado por uma coisa do que por outra. E tudo bem, porque seu propósito não exige que você seja o melhor em algo.

Não se trata do trabalho em que só você pode se sair melhor em relação a qualquer outra pessoa. São as coisas que o atraem de forma natural, que fluem de você sem esforço e que evocam emoções específicas suas. Você está aqui para desenvolver essas coisas. Está aqui para transformá-las. Seu objetivo final é se tornar a versão ideal de você. Todo o resto flui disso.

DESCUBRA O QUE VOCÊ QUER FAZER DA VIDA

Você deve se fazer estas perguntas se quiser saber qual é seu verdadeiro propósito:

PELO QUE E POR QUEM VALE SOFRER?

Mesmo se fizer o que você ama, isso não significa que todos os dias serão fáceis. Tudo tem seu conjunto de desafios, então a verdadeira pergunta é: pelo que você está disposto a trabalhar? Pelo que está disposto a ficar desconfortável?

FECHE OS OLHOS E IMAGINE A MELHOR VERSÃO DE VOCÊ. COMO É ESSA PESSOA?

A melhor versão possível de você — a mais amorosa, gentil, produtiva e ciente de si mesma — é quem você realmente é. Todo o resto é resultado dos mecanismos de enfrentamento que você desenvolveu ou copiou de outras pessoas.

SE AS REDES SOCIAIS NÃO EXISTISSEM, O QUE VOCÊ FARIA DA VIDA?

Se você soubesse que não pode se exibir, impressionar nem compartilhar o que decide fazer da vida, como suas ambições mudariam? Isso diferencia o que você está fazendo por vontade própria do que está fazendo para passar certa imagem para as outras pessoas.

O QUE VOCÊ FAZ COM MAIS NATURALIDADE?

Aquilo em que você é bom de forma mais natural é o caminho que você deve seguir primeiro, porque é a jornada na qual vai prosperar com menos esforço.

COMO SERIA SUA ROTINA IDEAL?

Esqueça o "discurso de elevador". Esqueça ter um cargo com nome chique ou impressionar as pessoas no LinkedIn. Pense no que você quer fazer a cada dia. Muitas pessoas arrumam empregos que acham que vão fazê-las felizes, mas percebem que só gostam da ideia deles, não da realidade do dia a dia.

QUE LEGADO VOCÊ QUER DEIXAR?

Em vez de se preocupar com as virtudes no seu currículo, concentre-se nas virtudes na sua eulogia. Como você quer ser lembrado? Pelo que quer ser conhecido?

Embora seja ótimo refletir sobre todas as virtudes e talentos da sua vida, há algo mais importante sobre encontrar seu propósito: muitas vezes, nós o encontramos por meio da dor. A maioria das pessoas fica ciente do seu propósito não por ter uma compreensão clara e sem esforço de quais são seus talentos e como podem utilizá-los da melhor forma, mas porque, em algum ponto, elas se veem perdidas, esgotadas, exaustas e sem saída.

Ao vivenciar dificuldades e desafios, começamos a nos dar conta do que realmente importa para nós. É acesa uma chama que, ao ser alimentada por meio de ação e do compromisso, se torna um fogo transformador.

Nas histórias de muitos dos indivíduos mais bem-sucedidos do mundo, eles com frequência começam com dificuldades inimagináveis. Diante das situações mais improváveis, eles são obrigados a agir. Conforto e complacência não são opções. Eles se dão conta de que precisam se tornar heróis das próprias vidas e criar os próprios futuros.

No fim da vida, seu propósito vai ser definido não pela forma como você lutou, em que circunstâncias esteve ou o que deveria fazer, mas por como reagiu diante da adversidade, quem foi para as pessoas na sua vida e o que fez a cada dia que, lentamente, do seu jeito próprio e único, mudou o rumo da humanidade.

CAPÍTULO 7

DA AUTOSSABOTAGEM AO AUTOCONTROLE

PASSAR DA AUTOSSABOTAGEM AO autocontrole soa como uma transformação extraordinária, mas, na verdade, esse é o rumo natural quando você entende que foi responsável por deixar sua vida estagnada e, portanto, também é capaz de fazê-la progredir.

CONTROLAR SUAS EMOÇÕES X SUPRIMI-LAS

Os budistas acreditam que controlar a mente é o caminho para a iluminação.[20] A iluminação, para eles, significa felicidade espontânea e real.

A ideia é simples na teoria e complexa na prática: ao explorar nossa compreensão da mente e treiná-la para se comportar de determinada forma, nós meio que nos purificamos e vivenciamos a natureza essencial do que somos, o que é, na crença deles, a alegria.

Se já fez aula de meditação, você sabe que o primeiro princípio do controle mental é o oposto do que se pensaria: deixar a mente livre.

Para dominar de verdade a mente, os budistas praticam o desapego, no qual eles se sentam placidamente, respiram de forma regular e permitem que os pensamentos surjam, fiquem coerentes e vão embora.

A abordagem deles diz que controlar a mente é, na verdade, uma questão de se render à mente, permitindo que ela se comporte como quiser, e, ao mesmo tempo, regular sua reação a ela.

COMO VOCÊ PODE SABER SE ESTÁ SUPRIMINDO SUAS EMOÇÕES OU CONTROLANDO-AS?

A supressão emocional é uma estratégia de regulação que as pessoas usam quando não têm mecanismos de enfrentamento adequados para os sentimentos.

O padrão costuma ser este: a pessoa nega ou ignora sua reação real a uma situação ou experiência, acredita que vai passar se continuar a ignorá-la, vê que o dia a dia fica perturbado por uma sensação de inquietude e, em algum momento, tudo chega a um limite e a pessoa tem uma explosão emocional incontrolável.

O objetivo da terapia costuma ser ajudar os pacientes a não suprimir mais o que sentem. Os pacientes são encorajados a reconhecer essas emoções, mas escolher como reagir a elas.

No processo de cura, suprimir e controlar podem parecer duas ações separadas por uma linha tênue.

Quando alguém o fecha no trânsito e você decide não gritar pela janela, está suprimindo o que sente ou controlando o sentimento? Se seu companheiro ou companheira diz algo idiota e você decide não reagir, está suprimindo o que sente ou controlando o sentimento? Se seu colega de trabalho o irrita constantemente por causa de um projeto e você decide não dizer nada, está suprimindo o que sente ou controlando o sentimento?

SUPRIMIR É INCONSCIENTE, CONTROLAR É CONSCIENTE

Emoções suprimidas funcionam de forma similar a vieses inconscientes. Um desses vieses é o viés de confirmação, em que seu cérebro classifica estímulos para trazer à sua atenção fatos ou experiências nas quais você já acredita. Embora você não esteja ciente desse viés, ele ainda o afeta.

Por outro lado, controlar suas emoções envolve se tornar mais ciente do que você sente. Você fica ciente de que está com raiva, triste ou irritado, mas escolhe o que fazer em relação a isso. Não é que você esteja controlando suas emoções, mas, sim, seu comportamento.

Quando suprime as emoções, você não sabe o que sente, e seu comportamento parece descontrolado. Quando controla as emoções, você sabe o que sente, e seu comportamento parece sob controle.

A resposta é que, quando está no trânsito, numa discussão, ou lidando com um colega de trabalho difícil, você deve estar ciente do que sente, mas ainda no controle de como reage. As emoções são temporárias, mas os comportamentos são permanentes. Você sempre é responsável por como escolhe agir.

Muitas vezes, achamos que a medida de força física é o quanto de peso suportamos, por quanto tempo conseguimos correr ou quanto nossos músculos são definidos.

Na verdade, a força física é uma medida da eficiência do corpo, do quanto é capaz de executar tarefas diárias de forma eficaz e enfrentar desafios ocasionais.

A saúde mental funciona da mesma forma. Não é uma medida do quanto parecemos felizes, do quanto a realidade é perfeita, nem do quanto incondicionalmente "positivos" conseguimos ser, mas como somos capazes de seguir pela rotina e por desafios ocasionais com fluidez e racionalidade suficientes para não ficarmos sufocados ou estagnados.

Amy Morin é famosa por ter revelado algumas das coisas que pessoas mentalmente fortes não fazem. Identificar os hábitos e comportamentos delas é essencial, mas e se você ainda não tiver chegado lá? Se quiser se tornar alguém mentalmente forte, é por aqui que deve começar.

APRENDA A CONFIAR EM SI MESMO DE NOVO

A paz interior é um estado em que se está conectado à sabedoria interna de que tudo está bem e sempre vai estar. O conceito de encontrar a "paz interior" faz parte de práticas espirituais e metafísicas há séculos e acabou de ficar famoso com o desenvolvimento da psicologia popular.

Albert Camus disse: "No meio do inverno, descobri que havia, dentro de mim, um verão invencível."

Isso resume o que a paz interior é: a compreensão de que, apesar do que possa estar acontecendo ao seu redor, há um lugar de total conhecimento e calma dentro de você. Além de ser capaz de voltar àquele lugar quando precisa, você pode *viver sua vida toda* lá. O desafio é aprender formas de se conectar com essa parte do seu interior e reconfigurar como você reage à sua mente, que está sempre pulando de um cenário ruim para o seguinte.

Já reparou em quando as pessoas dizem que sabem de algo "lá no fundo"? Elas pronunciam frases como: "Estou preocupada, mas, lá no fundo, sei que vai ficar tudo bem." Ou: "Estou com raiva dele, mas, lá no fundo, sei que ele me ama." A que você acha que elas estão se referindo? Onde é lá no fundo? Elas estão falando sobre o lugar dentro delas que tem sabedoria infinita, uma melhor compreensão e uma perspectiva mais perspicaz do que está acontecendo. Um lugar que não é abalado pelos estressores nem pelos medos que a mente quer oferecer.

Boa parte do processo de encontrar a paz interior é ser capaz de chegar a esse lugar "lá no fundo", onde você sabe e sente que, no fim das contas, tudo vai ficar bem.

Tem outra metáfora na meditação na qual a calma é comparada a tranquilizar um lago ou um corpo de água grande. Seus pensamentos e ações são como pedras atiradas na superfície da água: criam um efeito de ondas. O objetivo da meditação é se manter quieto o suficiente para a água voltar à calmaria natural. Você não precisa *forçar* a água a ficar parada. Ela para sozinha quando você para de afetá-la.

O mesmo acontece com a paz interior. Ela não é algo que você precise criar, e, sim, algo para o qual você precisa voltar.

CRIE OBJETIVOS ALINHADOS

Uma das partes mais importantes de descobrir sua paz interior é trocar seu desejo por "felicidade".

Para nosso azar, a felicidade é instável. Pode levá--lo a ficar apegado a certas realizações, pertences ou circunstâncias específicas. Pode levá-lo a ficar dependente da opinião dos outros ou a um desenrolar específico da vida. Quando seu objetivo é a felicidade, você sempre vai encontrar junto a ela uma sensação persistente de infelicidade — é assim que equilíbrio e dualidade funcionam. Mas e a paz interior? É o estado no meio dos dois pratos da balança. Quando é esse o seu objetivo, não há como perder.

Isso é difícil para a maioria das pessoas e, muitas vezes, elas vão continuar criando estresse, problemas e drama para si mesmas porque seus egos ainda estão muito apegados a achar que elas precisam de algo externo para se sentirem bem. Esse é o sinal mais típico de alguém que ainda não encontrou a paz interior: a pessoa está buscando, muitas vezes de forma frenética, uma sensação de satisfação, pertencimento ou valor fora de si mesma.

Portanto, não é que a felicidade não seja uma meta virtuosa que você deva desejar, ou que a felicidade não seja algo que você tenha permissão de sentir. A realidade é que a paz interior é a verdadeira felicidade, e todo o resto é um meio falso de tentar se convencer de que você está "bem".

Pense desta forma: o que em geral você imagina que vai trazer felicidade? Dinheiro, um relacionamento, uma promoção? O que acontece quando você alcança essas conquistas? Ao longo da história da humanidade, a resposta é sempre a mesma: você volta ao patamar inferior. Isso ocorre porque esse tipo de felicidade não é real. É preciso estar completamente em paz onde quer que você esteja e em qualquer dia para que uma sensação genuína de deslumbre, presença e alegria surja.

O QUE NOS AFASTA DA PAZ INTERIOR?

Com toda essa conversa de que temos que "voltar" ao nosso lugar de paz interior, chegamos à pergunta: por que nos desconectamos dela? Isso é importante, pois entender o motivo pelo qual a perdemos é fundamental para encontrá-la de novo.

Quando crescemos, nós nos adaptamos aos nossos ambientes. Adotamos as crenças e ideias das pessoas ao nosso redor. Alteramos nossa personalidade para ficarmos mais seguros; acreditamos que o mundo não pode nos afetar. Quando somos crianças, estamos mais vulneráveis do que nunca, e é durante essa época que aprendemos o que pode facilmente se tornar um mecanismo de enfrentamento para a vida toda.

Se não formos instruídos desde cedo a nos conectarmos com nosso sentimento de paz interior, vamos começar a confiar de maneira instintiva na voz em nossa cabeça. É aí que nos perdemos, porque nossos pensamentos são produto do que os budistas chamariam de "mente de macaco", ou, como um neurologista poderia explicar, o processo de diferentes receptores disparando e fazendo associações com as coisas que podem ou não ter a ver com a realidade.

Quando começamos a confiar em nossos pensamentos, deixamos que eles informem nossos sentimentos. Isso se torna um ciclo e acaba encurralando muita gente que não está ciente do que está acontecendo. Elas têm um pensamento estranho ou assustador, têm um sentimento forte em seguida, e a combinação das duas coisas faz a situação parecer real, quando, na verdade, é um mal-entendido sobre o seu processo neurológico.

Claro que isso não quer dizer que nossos pensamentos são inúteis. Só quer dizer que nem sempre refletem a realidade e devem ser usados mais como sugestões do que qualquer outra coisa.

POR QUE AS PESSOAS NÃO CONSEGUEM ENCONTRAR A PAZ INTERIOR COM FACILIDADE?

A resposta é que conseguem. Só que a maioria das pessoas não é ensinada como fazer isso. Contudo, mais do que isso, a maioria das pessoas tem medo de se aprofundar em seus sentimentos, porque sua criança interior está traumatizada demais.

Todo mundo tem uma "criança interior"; é a sua parte mais inocente e pura, e ela nunca vai embora.[21] Com o tempo, é sua responsabilidade aprender a cuidar dessa criança interior, que vai afastá-lo da sua paz interior. Vai ser ela quem vai fazer birra e dizer que está tudo desmoronando, que você vai morrer e deveria simplesmente desistir.

Da mesma forma que você não deixaria uma criança governar sua vida, não pode sempre acreditar nos medos da sua criança interior. Mas você pode aprender a trabalhar com ela, curá-la e fazer com que se sinta segura... assim como qualquer bom pai ou mãe faria.

Stephen Diamond explica assim: "Para começar, a criança interior é real. Não literalmente. Nem fisicamente. Mas real de forma figurativa, metafórica. Como acontece com os complexos em geral, é uma realidade psicológica ou fenomenológica, e ela é bem poderosa." Ele argumenta que distúrbios mentais e padrões de comportamento destrutivos costumam ter certa relação com partes inconscientes de nós mesmos e em geral foram adotados no começo da vida.

ENCONTRANDO SUA PAZ INTERIOR

Encontrar a paz interior nem sempre tem a ver com se sentar em posição de lótus até a sabedoria se tornar parte de você. É questão de tomar a decisão incômoda de suportar seu desconforto e escolher de forma diferente.

Como Gail Brenner explica: "A guerra interior é perpetuada pela resistência — ou seja, não querer sentir o que sentimos, não querer que as pessoas façam o que estão fazendo, não querer que os eventos ocorram como estão ocorrendo. A resistência quer reescrever nossa história pessoal e garantir que nossos planos se materializem." Ela argumenta que a paz interior é o único tipo que existe, já que é a única sob nosso controle.[22]

Outro jeito impressionante de encontrar sua paz interior é sempre lembrar a si mesmo que suas preocupações são invenção da necessidade da sua mente de identificar ameaças em potencial para a sobrevivência, e que a verdadeira felicidade é estar presente no momento. Se for difícil acreditar nisso, faça uma lista do seguinte:

- Tudo com que você se preocupou intensamente na vida. Volte o máximo de anos que puder e seja o mais detalhista possível.
- Todas as situações difíceis pelas quais você jurou que não passaria ou que nunca superaria.
- Todas as vezes em que você se sentiu genuinamente feliz e em paz.

É garantido que suas respostas para o primeiro item o farão sorrir, porque vão lembrá-lo de que você sempre se preocupou na vida, mas a maioria dessas preocupações foi infundada.

Sua resposta para o segundo item também será um alívio, pois vai mostrar quanta dor você achou que era insuperável e que hoje você nem pensa mais nessas coisas.

Por fim, sua resposta para a última pergunta vai lhe lembrar que sua felicidade nunca veio das coisas serem perfeitas do lado de fora, mas de você estar presente, aberto e conectado consigo mesmo no momento.

DISTANCIE-SE DA PREOCUPAÇÃO

Da mesma forma que é fácil se viciar em substâncias e comportamentos que nos possibilitam evitar o momento presente, preocupar-se é o principal mecanismo de enfrentamento que as pessoas usam para se distrair do que realmente importa.

Com o tempo, você se convence de que se preocupar é o mesmo que estar seguro. Você acha que, ao criar os piores cenários na cabeça repetidas vezes, vai estar mais preparado para eles. Isso é completamente falso. Imaginar situações que muitas vezes são pura invenção esgota sua energia e, além disso, quando você já está hipersensível a qualquer um desses medos ou ideias falsas, passa a criar essas circunstâncias apenas pela sua evasão ou reação exagerada a elas.

Você precisa lembrar que, de todas as possibilidades da "mente de macaco", sua cabeça quer procurar constantemente situações e experiências que vão se reafirmar. Se você acredita que algo será bom, vai ser. Talvez não seja exatamente como você imaginou, mas o resultado vai ser precisamente o que você espera.

Encontrar sua paz interior é simplesmente se conectar com sua sabedoria mais profunda. Não é algo que você precisa criar, justificar, imaginar ou procurar. Está sempre dentro de você, é sempre uma opção, uma escolha constante. Você só precisa fazê-la.

LEMBRANDO QUE SEUS SENTIMENTOS NEM SEMPRE SÃO FATOS

A parte mais desafiadora disso tudo é chegar ao ponto em que você consegue discernir entre quais sentimentos são instintivos e informativos e quais são enraizados em medo e ego.

Em um mundo que lhe diz que sua intuição sabe tudo, que seus sentimentos são reais e que, se procurar bem fundo, você vai descobrir um poço de sabedoria para guiá-lo... pode ser bem fácil supor que todos os nossos sentimentos e ideias não apenas são reais, mas também preveem o que vai acontecer no futuro.

Seus sentimentos não são previsões. Não são mecanismos para saber o futuro. Eles apenas refletem seu estado mental atual. É como ter um pesadelo: os monstros não são reais, mas podem ser metáforas de algo que o preocupa.

O que muitas vezes impede as pessoas de encontrarem a paz interior é o fato de que elas não conseguem identificar o que está certo: o medo ou o sentimento de paz.

Lembre-se disto: o sentimento de paz é o que está lhe dizendo a verdade.

Seus sentimentos não estão aqui para dizer o que vai acontecer. Só lhe informam onde você está energética e mentalmente e como deve responder ao que acontece ao seu redor. O medo está tentando assustar você para que permaneça reprimido e fique seguro. É algo mortal e limitado. O sentimento de paz tenta lembrá-lo de que tudo vai ficar bem, pois sempre fica… e sempre vai ficar, aconteça o que acontecer.

TORNE-SE MENTALMENTE FORTE

Não importa quem você é ou o seu propósito na vida: a força mental vai ser o componente-chave para garantir que você realize todo o potencial latente dentro de si.

A força mental não é um traço fixo. Não é algo com que se nasça ou não. Ironicamente, não é mais fácil tê-la se você não enfrentar muitos desafios na vida. Na verdade, aqueles que estão nas circunstâncias mais difíceis são os que costumam ser obrigados a desenvolver os maiores graus de força mental.

Ser mentalmente forte é um processo e uma prática.

É por aqui que você pode começar.

FAÇA UM PLANO, PORQUE PLANOS SOLUCIONAM PROBLEMAS

Pessoas mentalmente fortes são pessoas que planejam.

Elas pensam adiante. Elas se preparam. Elas fazem o que é melhor para o resultado de longo prazo.

Você pode pensar que isso as desconecta do momento presente, mas é o contrário. A preocupação o desconecta do momento presente. Pensar demais o desconecta do momento presente. A sua ansiedade vive ganhando protagonismo porque você não tem um plano em relação ao que está causando seu medo.

Pense em algo de que você não tem medo. Sabe por que não tem medo disso? Porque você tem um plano para o que faria se a situação se concretizasse. Assim, você consegue abstrair e estar presente.

Seja ter saúde financeira, melhorar seus relacionamentos, fazer terapia, arranjar um novo emprego, seguir uma nova carreira ou sonhos: se não tiver um plano, você vai continuar tendo problemas.

SEJA HUMILDE, PORQUE NEM TUDO GIRA EM TORNO DE VOCÊ

Parece que todo mundo está pensando em você, julgando você, avaliando você e determinando seu status na vida. Mas as pessoas não estão fazendo isso.

As redes sociais nos deixaram parecidos com minicelebridades nos nossos círculos: acabamos nos convencendo de que todo mundo à nossa volta está preocupado de forma desproporcional com os detalhes da nossa vida.

Em algumas décadas, você não existirá mais. Sua casa será vendida para uma nova família. Seu emprego será ocupado por outra pessoa. Seus filhos serão adultos. Seu trabalho estará terminado. Isso não deve deixá-lo deprimido; deve liberá-lo.

Ninguém está pensando em você da forma que você acha que está. As pessoas estão pensando em si mesmas. Quando sente vergonha de ir ao mercado usando calça de moletom, saiba que ninguém liga e ninguém está olhando. Quando fica ansioso por causa das suas realizações ou da falta delas, saiba que, na maioria das vezes, ninguém liga e ninguém está prestando atenção. É assim com tudo na vida.

Ninguém avalia você da forma como você se avalia. As pessoas veem o que você mostra. Pare de pensar que você é o sol em volta do qual todos giram. Este mundo não orbita ao seu redor. Nem mesmo a sua vida se trata só de você.

Quanto mais conseguir deixar de lado seu complexo de centro do mundo, mais você vai conseguir relaxar.

PEÇA AJUDA, POIS VOCÊ NÃO TEM QUE SABER TUDO

Vivemos em uma sociedade especializada.

As pessoas estudam, aprendem e treinam para se tornarem muito hábeis em uma tarefa. Em seguida, elas divulgam e vendem essa tarefa em troca de comprar o conhecimento do outro.

Você não tem que saber tudo.

Você não tem que ser especialista em finanças. É por isso que pode contratar alguém para fazer seu imposto de renda ou aconselhar seus investimentos. Você não tem que ser chef de cozinha. É por isso que pode comprar um livro de receitas ou pedir a ajuda de alguém que saiba cozinhar. Você não tem que ser um atleta de primeira. É por isso que pode marcar um horário com um personal trainer e aprender. Você não tem que entender as complexidades de saúde mental e neuropsicologia. É por isso que você pode se consultar com um psicoterapeuta e aprender a melhorar.

Você não tem que saber tudo. Não tem que ser bom em tudo. É por isso que pode contratar pessoas ou aprender com elas. Pegue leve consigo mesmo e concentre-se naquilo em que é proficiente. Terceirize todo o resto.

SAIBA QUE NÃO SABE E PARE COM O PENSAMENTO DICOTÔMICO FALSO

A razão principal para as pessoas terem ansiedade é o pensamento de longo prazo em "uma coisa ou outra", também conhecido como falsas dicotomias.

Essa é uma distorção cognitiva pela qual você desvia de um campo enorme de possibilidades em favor de um ou dois resultados polarizados, sendo que nenhum dos dois é provável ou razoável.

Se perder meu emprego, eu sou um fracasso. Falso.

Se esse relacionamento terminar, nunca mais vou encontrar o amor. Falso.

Se essa coisa assustadora acontecer, não vou conseguir seguir em frente. Falso.

A ansiedade é causada por lapsos lógicos, onde há uma brecha na sua capacidade de racionalizar. Você salta de um evento para uma conclusão improvável, e como isso faz com que sinta algo intensamente, você supõe que é verdade. Acaba pensando em dicotomias, que não só são ineficazes como também assustam tanto que você se torna incapaz de lidar com a sua vida.

PARE DE TENTAR SER PSÍQUICO, PORQUE ISSO É UMA DISTORÇÃO COGNITIVA

Considerando que nosso medo humano mais básico é o medo do desconhecido, faz sentido que façamos uma ginástica mental para tentar prever certos resultados na nossa vida.

No entanto, o pensamento psíquico, ou a ideia de que seus sentimentos são premonições, que você pode "simplesmente saber" o que o futuro trará ou que seu destino está gravado em pedra, torna você mentalmente fraco. Coloca-o no banco do passageiro quando você precisa assumir o volante.

Quando você está engajado em pensamentos psíquicos, está extrapolando. Está pegando um único sentimento ou experiência e fazendo dele uma previsão de longo prazo da sua vida. Isso não é apenas falso; muitas vezes acaba se tornando uma profecia autorrealizável.

Pare de tentar prever o que você não tem como saber e comece a dedicar sua energia para construir o que pode. Você e sua vida vão ficar melhores assim.

ASSUMA A RESPONSABILIDADE DOS SEUS RESULTADOS – SIM, TODOS ELES

No grande esquema da sua vida, os resultados que de fato importam são os que ficam quase completamente sob seu controle. É mais fácil e menos assustador fingir que você é uma mera engrenagem, mas você não é.

Se dedicasse sua energia a aprender a ser produtivo, cuidar da sua saúde e bem-estar, melhorar seus relacionamentos e sua autopercepção, você teria uma experiência de vida bem diferente. Cada uma dessas coisas está dentro da sua capacidade de mudar ou, pelo menos, de influenciar de forma significativa.

Certos aspectos da vida estão fora do seu controle. Ao se concentrar neles, você vai se esquecer de algo muito importante: a maior parte da sua vida é resultado direto das suas ações, comportamentos e escolhas.

APRENDA A SE SENTIR MELHOR AO PROCESSAR EMOÇÕES COMPLEXAS

Você não deve se sentir feliz o tempo todo. Tentar ficar feliz o tempo todo não é a solução, é o problema.

Em vez de lhe dar a capacidade de sustentar positividade o tempo todo, a força mental exige que você desenvolva a capacidade de processar emoções complexas como o luto, a raiva, a tristeza, a ansiedade e o medo.

Quando não sabe como permitir que esses sentimentos passem por sua vida, como entendê-los, aprender com eles ou apenas permitir que existam, você fica preso a eles. Você os enterra, e tudo ao seu redor se torna um gatilho que ameaça abrir as comportas da represa.

Talvez você ache que deva ser frio, mas não é isso. É preciso chorar quando a vida fica triste, sentir raiva perante uma injustiça e se sentir determinado a criar uma solução quando um problema surge. Essa responsividade no lugar da reatividade define o que é força mental.

ESQUEÇA O QUE ACONTECEU E SE CONCENTRE EM COMO CONSERTAR

Reflita sobre o que deu errado, aprenda com essa experiência e descubra como compensar ou mudar o resultado no futuro.

Depois, deixe para lá.

O único momento em que você vai se agarrar ao passado é quando ainda não aprendeu completamente com ele. Quando tiver aprendido, pode aplicar essas lições ao momento presente e criar o que queria vivenciar na outra ocasião.

Concentrar-se no que aconteceu de forma desproporcional ao que está acontecendo agora ou ao que você quer que aconteça no futuro é o que provoca estagnação. Se você sente que fracassou muito, é ainda mais crucial seguir em frente e criar a experiência que deseja agora.

Sua vida não acabou. Você não fracassou para sempre, mas é isso que vai acabar acontecendo se não se libertar e tentar de novo.

DESABAFE, PORQUE AS COISAS COSTUMAM SER MAIS COMPLICADAS NA SUA CABEÇA

Se você se sente emaranhado nos seus pensamentos, sentimentos e medos, converse com alguém. Talvez um profissional de saúde mental ou um amigo de confiança. Se não houver ninguém por perto, fale consigo mesmo. Bote suas ideias para fora como se estivesse falando com alguém na sua frente.

Às vezes, precisamos do apoio de uma pessoa objetiva para nos ajudar a resolver as partes complicadas da vida. Deixar tudo guardado na cabeça e no coração costuma piorar as situações. Desabafar habitualmente simplifica o problema, libera a emoção e nos auxilia a seguir em frente.

LEVE O TEMPO QUE PRECISAR, PORQUE VOCÊ NÃO PRECISA RESOLVER TUDO AGORA

Crescimento não costuma ser algo completo. Acontece de forma incremental. Ocorre em pequenas explosões e passos curtos. Isso acontece porque, quando estamos crescendo, expandimos e reestruturamos nossas zonas de conforto. Estamos nos reajustando a uma nova forma de vida, e se sobrecarregarmos nosso organismo com muitas mudanças rápido demais, por vezes acabamos voltando ao que já conhecemos.

A forma mais eficaz e saudável de mudar sua vida é devagar. Se você precisa de gratificação instantânea, faça do seu pequeno passo diário um objetivo. Com o tempo, o impulso vai crescer, e você vai se dar conta de que está a quilômetros de onde começou.

ENCARE OS GATILHOS COMO SINAIS, PORQUE SUAS FERIDAS PRECISAM DE ATENÇÃO

Gatilhos não são aleatórios; eles mostram onde você está mais ferido ou preparado para o crescimento.

Se conseguirmos ver esses gatilhos como sinais que estão tentando nos ajudar a focar nossa atenção em uma área da vida que precisa de cura, saúde e progresso, podemos começar a considerá-los úteis, e não como um sofrimento.

Você não pode ignorar seus problemas. Não pode desviar o olhar das suas feridas. Essas são questões que você vai precisar revelar, processar, usar para o aprendizado e às quais vai precisar adaptar seu comportamento. Isso não só vai torná-lo mentalmente mais forte, como também vai lhe dar melhor qualidade de vida.

VALORIZE SEU INCÔMODO, PORQUE ELE ESTÁ TENTANDO LHE DIZER ALGUMA COISA

O maior presente que a vida vai lhe dar é o incômodo.

Os incômodos não estão tentando punir você! Eles estão apenas tentando mostrar onde você é capaz de mais, merecedor de algo melhor, passível de mudança ou que é feito para algo maior do que tem agora. Em quase todos os casos, estão apenas informando que há mais para você por aí e estão dando um empurrão para que vá atrás disso.

Em vez de tentar acalmar o incômodo, a força mental exige que você escute, aprenda e comece a mudar seu rumo. Se você conseguir ver a sua vida como um mecanismo de feedback que está refletindo quem você é com o objetivo maior de ajudá-lo a viver melhor e de forma mais completa, de repente você se dá conta de que nunca foi o mundo que estava atrapalhando, mas a sua própria mente.

COMO APRECIAR VERDADEIRAMENTE A VIDA

Se você perguntasse, muita gente sem dúvida concordaria que acredita que o propósito da vida é apreciá-la. No entanto, muitas pessoas têm dificuldade de estarem presentes e vivenciarem a vida como ela é. Os culpados são vários e podem incluir tudo, desde expectativas irreais a tentar demais se sentir bem. (Afinal, isso é uma coisa que você precisa se permitir.)

Quando você está em dificuldade, a coisa mais insultante e difícil que alguém pode dizer é "relaxa" ou "divirta-se". Quando você está em modo de sobrevivência, a última atitude em que pode pensar é se sentar e deixar as coisas acontecerem. Essa é a parte mais importante de aprender a apreciar a vida de novo: quando se está em um lugar de trauma e dor, não dá para tentar se forçar a ser feliz. Primeiro, é preciso dar um passo para trás, para o neutro.

Quando está passando por dificuldades e tenta se sentir bem, você está intensificando a polaridade dos seus sentimentos. Está sufocando o sentimento "ruim" em vez de tentar sentir algo diferente. Ironicamente, muitas pessoas que têm dificuldades emocionais são, no fundo, pessoas que só têm um desejo maior de apreciar a vida.

PARE DE TENTAR SER FELIZ

Não dá para correr atrás da felicidade. É preciso permitir que aconteça. É provável que isso surpreenda muita gente, pois o mundo é bastante inflexível sobre tudo, de psicologia positiva a painéis do Pinterest. Mas a felicidade não é algo para o qual você consiga se direcionar.

A felicidade é seu estado natural. Isso significa que você vai voltar a ela sozinho se permitir que os outros sentimentos que você quer vivenciar surjam, sejam sentidos, processados e não sofram resistência. Quanto menos você resistir à sua infelicidade, mais feliz vai ser. Em geral, tentar demais sentir certa coisa o coloca em rota para o fracasso.

CHEGUE NO PRESENTE

Há uma frase que diz que, se você está ansioso, é porque está vivendo no futuro, e, se está deprimido, é porque está vivendo no passado. Quando vive no momento presente, você percebe que o passado e o futuro são apenas ilusões atuais no infinito, o eterno "agora", e que são formas pelas quais você consegue evitar estar no seu corpo.

O único lugar para encontrar a felicidade é no presente, porque é o único lugar que existe de verdade. Tentar encontrar a felicidade se concentrando no que poderia acontecer no futuro é um processo de dissociação. Pratique chegar ao hoje concentrando-se em encarar a vida um dia de cada vez e fazendo o máximo com o que tem à disposição agora.

Há um equilíbrio tênue entre viver no momento presente e cuidar do seu eu futuro.

PARE DE TENTAR REIVINDICAR DOMINÂNCIA

Em seu livro sobre Hygge, a arte dinamarquesa do aconchego e do bem-estar à qual muitos atribuem as taxas altíssimas de felicidade desta nação, Meik Wiking explica que se conectar com os outros não é só passar tempo com eles, mas também não tentar dominar, impressionar e criar uma reação emocional em alguém.[23] Você encontra muito mais felicidade sem tentar provar quem você é.

As pessoas que querem e precisam exercer seu domínio nos relacionamentos são as que sempre entram em discussões sobre coisas hipotéticas, criam drama em feriados ou eventos importantes ou acabam fazendo com que aqueles que elas em teoria mais amam recebam o pior de seu comportamento.

Para encontrar a felicidade maior, você precisa se ver como igual aos que estão à sua volta. Quando você se vê na posição de aprender constantemente com aqueles que conhece, para de compensar por temer estar "abaixo" deles.

MERGULHE NAS PEQUENAS ALEGRIAS QUANDO AS TIVER

Quando pensamos em tentar "apreciar" a vida, é comum que nossas mentes saltem para tentar alcançar patamares enormes, sufocantes. Nós achamos que ser feliz é só o que acontece quando estamos de férias ou ganhamos um bônus vultoso.

Mas isso é o oposto de felicidade, porque é condicional. A verdadeira felicidade é abraçar as pequenas alegrias da vida: o nascer do sol em uma manhã quente de verão, sua xícara de café ou um livro incrível. É sentir gratidão não só quando coisas grandes acontecem, mas também pelas pequenas satisfações que você encontra todos os dias.

A maioria das pessoas exagera muito na noção de felicidade. Elas supõem que a vida precisa estar em perfeita ordem para vivenciarem a alegria de verdade. Mas não é assim. A verdadeira alegria é encontrar a felicidade onde você estiver e como estiver.

CULTIVE RELACIONAMENTOS POSITIVOS QUANDO OS TIVER

Quer você seja introvertido ou extrovertido, a qualidade dos seus relacionamentos determina a qualidade das suas experiências de vida. Há toneladas de pesquisas que sustentam isto: nós nos tornamos mais parecidos com aqueles com quem passamos tempo, e a nossa felicidade se relaciona diretamente não com a quantidade de relacionamentos que temos, mas com a qualidade de cada um. Ser solitário é um risco tão grande para a sua saúde quanto fumar.[24]

No entanto, a maioria das pessoas pensa que isso significa que elas devem fazer amizade onde encontrarem amigos e serem próximas da família biológica, mesmo que não gostem dela. Isso está longe de ser verdade. A felicidade não depende de forçar relacionamentos nos quais você não quer estar. Mas depende de construir e alimentar relacionamentos com pessoas de quem você gosta e que acrescentam valores à sua vida.

Quando conhecer alguém com quem tem uma conexão real, faça o que puder para garantir a convivência com essa pessoa e mantenha a sua amizade saudável.

APRENDA ALGO NOVO COM O MÁXIMO DE FREQUÊNCIA POSSÍVEL

Quando você encara a vida como se já soubesse de tudo, se fecha para a possibilidade de ter experiências novas e melhores. Se você supõe que sabe o que vai acontecer quando experimentar algo novo ou se achar que sabe como seriam os lugares aonde não foi... talvez seja bom deixar certo espaço para você se surpreender.

Pense na vida como um espaço para aprender constantemente. Suas dores ensinam o que não é bom e o que você não deve continuar a fazer. Suas alegrias ensinam o que está alinhado. Tudo pode ser seu professor, e quanto mais você permite que suas experiências de vida o mudem e transformem, melhor você ficará, assim como elas.

VEJA MOMENTOS DESAFIADORES COMO OPORTUNIDADES DE TRANSFORMAÇÃO

Pessoas felizes não são alegres o tempo inteiro, e essa é uma distinção importante. Na verdade, as pessoas genuinamente felizes ficam mais em paz do que em êxtase com tudo que vivenciam.

Isso acontece porque as pessoas felizes são inerentemente orientáveis e mutáveis. Elas não ficam estagnadas no caminho. Entendem que a vida exige crescimento e, quando esse para, o incômodo começa a despontar.

A verdadeira natureza da vida é movimento e evolução constante. Se você não se mantém em movimento, a vida vai acabar forçando-o a mudar, pois vai se tornar cada vez menos confortável permanecer onde você está. Você não pode evitar toda a dor, mas pode evitar muito sofrimento se ficar concentrado no seu crescimento interno.

PRESTE ATENÇÃO ÀQUILO A QUE VOCÊ DEDICA ENERGIA

É verdade que a maioria das pessoas percebe que, se fizer um trabalho de que não gosta ou ficar em relacionamentos que despreza pela maior parte da vida, não vai se sentir bem com isso. Mas o que muitas não percebem é que há coisas muito mais significativas nas quais investimos energia constantemente e que criam a qualidade das nossas vidas.

Empregos chatos e relacionamentos monótonos não são problemas, são sintomas, e na raiz de tudo está o lugar para onde você permite que sua mente corra. Quando você investe energia em certos pensamentos, eles ganham vida. Tem uma frase que diz que o lobo que vence é aquele que você alimenta, e quando o assunto é a qualidade da sua vida, você precisa ser supercauteloso com o que se permite pensar. Logo vai se tornar o que você sente, o que você acredita, como você se comporta e, sem dúvida nenhuma, o jeito como você vive.

AGENDE TEMPO PARA NÃO FAZER NADA

A felicidade é uma busca ativa e passiva. Embora sentir-se realizado todos os dias seja uma escolha consciente (que, aliás, não vai acontecer por acaso), a ironia de se sentir bem de verdade é que não é algo que você possa forçar, é algo que precisa permitir.

Felicidade é se recusar a encher sua agenda ao extremo para poder extrair tudo que puder de cada segundo da vida. É também tirar um tempo para abraçar a mundanidade do cotidiano. É se recostar e ler um livro, conversar no jantar com alguém que você ama ou simplesmente apreciar as pequenas coisas de cada dia. Tirar esse tempo é algo que não vai acontecer sozinho. Você tem que se planejar para isso.

AGENDE TEMPO PARA BRINCAR

Quando éramos crianças, tudo que nós fazíamos era imaginar e brincar. Nossas vidas eram telas em branco, e nós entendíamos de forma inerente que podíamos inventar qualquer coisa e passar o dia nesse faz de conta.

O mesmo acontece na vida adulta, mas, ao longo de algumas décadas, o mundo tende a arrancar a magia das pessoas. Se quiser apreciar a vida de verdade, você precisa arrumar tempo para fazer o que amava quando era mais novo. Pintar, brincar na areia, jogar jogos que você ama e ser criativo sem nenhum objetivo específico.

Se tudo isso parecer infantil, ótimo. Significa que você está pronto para se reconciliar com sua criança interior, que sempre esteve presente. Apreciar a vida é viver tanto da forma mais simples quanto da forma mais transformadora possível. Parte disso é apenas se permitir estar presente e ser quem e como você é.

TORNANDO-SE MESTRE DE SI MESMO

Quando chegar ao fim da vida, você vai começar a ver as suas montanhas pelo que elas realmente foram: *dádivas*.

Ao olhar para o passado, não vai se lembrar das dificuldades. Você vai vê-las como pontos de virada, oportunidades de crescimento, dias de despertar logo antes de tudo ter mudado.

Tornar-se mestre de si mesmo é, acima de tudo, assumir uma responsabilidade radical e completa pela sua vida. Isso inclui até aquilo que está fora do seu controle. Um verdadeiro mestre sabe que não é *o que* acontece, mas sim a forma como reagimos, que determina o resultado.

Nem todo mundo chega lá. A maioria das pessoas vive sem se dar conta de que está criando boa parte das ondas nas suas vidas e que também é trabalho delas surfá-las.

A maioria das pessoas passa os dias perdida em uma névoa dos próprios pensamentos e sentimentos, com pouca capacidade de identificá-los.

Maestria é perceber que somos dotados daquilo de que precisamos para superar as montanhas na nossa frente e que, de fato, fazer isso é o grande chamado das nossas vidas. Nós não somos apenas capazes. É o nosso destino.

Maestria é finalmente entender que os anos de incômodo que você aguentou não foram um purgatório pelo qual precisou passar. Foram seu eu interior mais profundo transmitindo a informação de que você é capaz de mais, merece mais e foi feito para se transformar na pessoa dos seus sonhos.

Você precisa reivindicar isso. Precisa criar isso. Seu próprio processo de cura vai criar um efeito cascata invisível no coletivo. Se quisermos mudar o mundo, nós mudamos a nós mesmos. Se quisermos mudar nossas vidas, nós mudamos a nós mesmos. Se quisermos escalar as maiores montanhas na nossa frente, nós mudamos como chegamos no caminho.

Quando você chegar ao topo — seja lá o que isso for para você —, vai olhar para trás e saber que todos os passos valeram a pena. Mais do que tudo, você vai ficar extremamente grato pela dor que o fez começar sua jornada, porque, na verdade, ela não estava tentando fazer você sofrer, e, sim, mostrar que havia algo de errado. Aquele algo era o risco do seu potencial ficar sufocado, de passar a vida com as pessoas erradas, fazendo as coisas erradas e se perguntando por que nunca se sentiu muito bem.

Sua vida está apenas começando.

Um dia, a montanha que estava na sua frente vai ter ficado tão para trás que mal estará visível ao longe. Mas quem você se tornou ao aprender a escalá-la? Isso vai lhe acompanhar para sempre.

Esse é o objetivo da montanha.

REFERÊNCIAS

1   HALIFAX, Joan. *À beira do abismo: Encontrando liberdade onde o medo e a coragem se cruzam*. Tradução de Jeanne Pilli. Teresópolis: Lúcida Letra, 2021.

2   HAWKING, Stephen. *Uma breve história do tempo*. Tradução de Cássio de Arantes Leite. Rio de Janeiro: Intrínseca, 2015.

3   LACHMAN, Gary. *Jung, o místico: As dimensões esotéricas da vida e dos ensinamentos de C. G. Jung*. Tradução de Mario Molina. São Paulo: Cultrix, 2012.

4   HENDRICKS, Gay. *The Big Leap: Conquer Your Hidden Fear and Take Life to the Next Level*. Nova York: HarperOne, 2009.

5   SWAN, Teal. "Find Your Subconscious Core Commitment." Sem data. Disponível em <tealswan.com>.

6   SEYMOUR, Tom. "Vagus Nerve: Function, Stimulation, And Further Research." *Medical News Today*, 2017.

7   LIEBERMAN, Daniel Z.; LONG, Michael E. *Dopamina: a molécula do desejo. Como essa poderosa substância química em nosso cérebro impulsiona o amor, o sexo e a criatividade – e controla quem somos, o que sentimos e o que fazemos.* Tradução de Paulo Afonso. Rio de Janeiro: Sextante, 2023.

8   TRACY, Brian. "The Role Your Subconscious Mind Plays In Your Everyday Life." Disponível em <briantracy.com>, 2019.

9   HOLIDAY, Ryan. "Sorry, An Epiphany Isn't What's Going To Change Your Life." Disponível em <ryanholiday.net>, 2016.

10 SIMS, Stacy T., Ph.D. "The 3 Body Types: Explained." *Runner's World*, 2016. Disponível em <https://www.runnersworld.com/health-injuries/a20818211/the-3-body-typesexplained>.

11 TAYLOR, Christa. "Creativity and Mood Disorder: A Systematic Review and Meta-Analysis." *Perspectives on Psychological Science*, 2017.

12 COLE, Adam. "Does Your Body Really Refresh Itself Every 7 Years?" NPR, 2016. Disponível em <https://www.npr.org/sections/health-shots/2016/06/28/483732115/howold- is-your-body-really>.

13 BREMNER, J. Douglas, MD. *Traumatic Stress: Effects On The Brain*. US National Library of Medicine National Institutes of Health, 2006.

14 BURTON, Neel, MD. "Our Hierarchy of Needs." *Psychology Today*, 2012. Disponível em < https://www.psychologytoday.com/us/blog/hide-and-seek/201205/ourhierarchy-needs>.

15 JACOBSON, Sheri. "Inner Child Work: What Is It, And How Can You Benefit?" *Harley Therapy*, 2017. Disponível em <https://www.harleytherapy.co.uk/counselling/inner--childwork-can-benefit.htm>.

16 HENRIQUES, Martha. "Can the Legacy of Trauma Be Passed Down the Generations?" BBC, 2019. Disponível em <https://www.bbc.com/future/article/20190326-whatis-epigenetics>.

17 COVEY, Stephen. *Os 7 hábitos das pessoas altamente eficazes*. Tradução de Alberto Cabral Fusaro, Márcia do Carmo Felismino Fusaro, Claudia Gerpe Duarte e Gabriel Zide Neto. Rio de Janeiro: BestSeller, 2014.

18 HARDY, Benjamin, Ph.D. "You Don't Control The Outcomes Of Your Life, Principles Do." LinkedIn, 2017. Disponível em <https://www.linkedin.com/pulse/you-dont-control-outcomesyour-life-principles-do-benjamin-hardy-3>.

19 *Ibid.*

20 LOPEZ, Donald S. "Eightfold Path: Buddhism." *Britannica*. Disponível em <https://www.britannica.com/topic/Eightfold-Path>.

21 DIAMOND, Stephen, Ph.D. "Essential Secrets of Psychotherapy: The Inner Child." *Psychology Today*, 2008. Disponível em <https://www.psychologytoday.com/us/blog/evildeeds/200806/essential-secrets-psychotherapy-the-inner-child>.

22 BRENNER, Gail, Ph.D. "The Warrior's Way to Inner Peace: What Is Inner Peace?". Disponível em <https://gailbrenner.com/2009/11/the-warriors-way-1-inner-peace/>.

23 WIKING, Miek. *Hygge: O segredo dos dinamarqueses para uma vida feliz em qualquer lugar.* Tradução de Léa Viveiros de Castro. São Paulo: LeYa, 2019.

24 POMEROY, Claire. "Loneliness Is Harmful to Our Nation's Health." *Scientific American*, 2019. Disponível em <https://blogs.scientificamerican.com/observations/loneliness-isharmful-to-our-nations-health/>.

- intrinseca.com.br
- @intrinseca
- editoraintrinseca
- @intrinseca
- @editoraintrinseca
- editoraintrinseca

1ª edição	JUNHO DE 2024
impressão	CROMOSETE
papel de miolo	PÓLEN BOLD 70 G/M²
papel de capa	CARTÃO SUPREMO ALTA ALVURA 250 G/M²
tipografia	ADOBE CASLON PRO